JN135114

フランス革命と明治維新

三浦信孝・福井憲彦 編著

白水社

フランス革命と明治維新

装画＝佐貫絢郁
装幀＝小林剛
組版＝鈴木さゆみ

フランス革命と明治維新＊目次

Ⅱ　マルクスには見えなかったもの　119

はじめに

三浦信孝

今年二〇一八年は、王政復古の大号令を起点とする明治維新から百五十周年にあたる。東京・恵比寿の日仏会館では六月三十日に、維新史研究の最前線にある三谷博を中心に、シンポジウム「明治維新を考える、明治維新とフランス革命」を企画し、福井憲彦の司会のもと日仏四人の歴史家が比較しがたいものの比較をめぐり議論を戦わせた。本書はその記録論文集である。

なぜ明治維新とフランス革命かといえば、一六八九年のイギリスの名誉革命、一七七六年のアメリカの独立革命、一七八九年のフランス革命、一九一七年のロシア革命など世界の近代史上の数ある革命のなかで、明治維新研究で範例として参照され比較の基準となってきたのがフランス革命だったからである。明治維新はフランス革命に約八十年遅れて起こったが、維新の志士たちの脳裏にフランス革命がモデルとしてあったわけではなく、フランス革命やその源にある啓蒙思想についてある程度まとまった知識が伝えられるのは、維新後少なくとも数年経ってからのことである。[1] しかし第一次世界大戦後、日本にマルクス主義が入ってくると、昭和初期の一九三〇年代に、明治維新はフランス革命のようなブルジョワ市民革命か、それとも寄生地主制にもとづく絶対主義天皇制の成立かをめぐり、マルクス主義経済史家のあいだで論争が起こる。封建制から資本主義への移行をめぐる労農派と講座派の日本資本主義論争である。[2]

しかし今から振り返ると、どちらの革命も世襲による身分制を廃止して四民平等の「国民」を創出し、共和制か立憲君主制かという到達点の違いはあれ、近代国民国家建設の出発点になったことに変わりはない。ただし、同じ「国民」と言っても、フランスの国民が法の下に平等な「市民（citoyens）」から成り、日本の国民が天皇の「臣民（sujets）」として「一君万民」的意味での平等だったという建前上の違いは無視できない。一七八九年八月二十六日の「人間と市民の権利の宣言」は、第一条で主権が国王ではなく国民（Nation）にあることを宣言したが、フランスの人権宣言からちょうど百年後の明治二十二年に発布された欽定憲法は、その第一条で「大日本帝國は万世一系の天皇之を統治す」と定めており、主権が天皇から国民に移るには、第二次世界大戦での敗北と一九四六年に公布される日本国憲法を待たねばならなかった。

明治百五十年を前に『維新史再考』（ＮＨＫブックス）を著した三谷博は、明治維新を、狭くとると一八五八年の条約勅許問題に端を発する安政五年の政変から西南反乱が終息した一八七七年までの約二十年、広くとると一八五三年のペリー来航から一八九〇年の帝国議会開設までの約四十年を完結した過去のサイクルとして捉え、左右のイデオロギーを抜きに史料にもとづいて実証的に維新史の書き換えをはかる。これは、「長期持続の視点からコスモポリタン的政治形態を再考する」ピエール・セルナのフランス革命論とタイムスパンの取り方で対立する。「コスモポリタン的政治形態」とは民主的共和国のことで、セルナ・ペーパーの最初のタイトルは「革命と共和国」だった。一七八九年の人権宣言はユダヤ人や黒人奴隷を解放したが、女性は市民権から除外され、その後ナポレオンによる奴隷制の復活やローマ教皇とのコンコルダートなど揺り戻しがあった。フランス革命の理想は一世紀後の第三共和政期にようやく制度的に定着したとする通説に対し、セルナは、革命が掲げた「普遍的市民権」の理念はポストコロニアルの現代にあってもなおアクチュアリティを失っていないとし、革命二百周年の十年前に「フランス革命は終わった」と宣言したフランソワ・フュレとは逆に、「フランス革命は終わっていない」とする未完の革命論を展開する。

確かに、フランスは一七八九年に始まる革命で一挙に王政を廃止したわけではなく、国民公会が共和国を宣言するのは、一七九二年九月二十日、ヴァルミーの会戦で勝利した翌日である。しかしその後ナポレオンの帝政と王政復古があり、さらに二度の革命と帝政があって、共和政体が定着するのは大革命から一世紀を経た第三共和政期のことに過ぎない。幕末期の幕政改革を支援したナポレオン三世の第二帝政が普仏戦争での敗北で倒れるのは一八七〇年で、明治維新の二年後である。その明治維新が、西洋列強の脅威を前に独立を守るため国家統一を急ぎ、文明開化の掛け声のもとに日本の近代化の出発点になったのは確かだとしても、第二次世界大戦での敗北による戦後の民主化改革の遺産を抜きに現代日本の問題を考えることはできない。日本の近代百五十年の歴史は先の大戦を挟んでちょうど二つに等分されるのである。

シンポジウムのタイトル「明治維新を考える」は、三谷博がフランソワ・フュレの『フランス革命を考える』(一九七八年、邦訳一九八九年)から借用して自著『明治維新を考える』(二〇〇六年)につけたタイトルと重なる。そこで本書のタイトルは、版元の勧めに従って『フランス革命と明治維新』とした。しかし本書の意図は、フランス革命を範として明治維新を解釈するのではなく、逆に明治維新の知見をもとにフランス革命の特徴を探ることにある。この批判的革命比較の視座は、三谷博の二〇一三年論文「日本史からみたフランス革命」ですでに十全たる形で展開されていた。この論文は、フランス革命研究会の山﨑耕一氏にお願いして二〇一二年春に日仏会館で開いた日仏文化講座の記録論文集『フランス革命史の現在』[3]に三谷氏が特別寄稿したもので、維新史研究者がいかに深くフランス革命について勉強しているかを示す稀有の例である。河野健二ら旧世代のフランス革命研究者は必ず明治維新との比較論を書き残しているが、若い世代のフランス革命研究者が明治維新との比較を行っている例は少ないだけに、貴重な貢献と言うべきである。[4]

それにも増して気になるのは、ジャコバン正統派であれフュレら修正派であれ、フランスの革命史家で多少なりとも明治維新について勉強している者が見当たらないことである。ジャコバン正統派の拠点ソルボンヌ・フランス革命史研究所のピエール・セルナもその例に漏れない。そもそも彼は世界の九大革命の中に明治維新を入れていなかった。国王を裁判にかけ処刑までしたフランス革命から見れば、天皇制をテコにして近代国家を建設した明治維新は革命のうちには入らないのだろう。[5] セルナはシンポジウム後に書き直したペーパーでやっと明治維新を世界の十大革命の中に入れたのである。

十九世紀のミシュレ、トクヴィルはもとより、二十世紀のジョルジュ・ルフェーヴル、アルベール・ソブール、フランスワ・フュレ、さらにはアメリカのリン・ハントなどフランス革命研究の日本語訳は相当な数にのぼるが、日本の歴史家の維新研究でフランス語に翻訳されたものは皆無である。ヴィクトル・ユゴーの『九三年』、アナトール・フランスの『神々は渇く』など革命期を題材にした小説まで入れると、翻訳の不均衡は歴然としている。

このようにフランス革命と明治維新は、研究対象として非対称的であるだけでなく、コメモラシオンの仕方も非対称的である。コメモラシオン（commémoration）とは、記憶の共同化のために、過去の出来事を想起し集合的記憶の中に書き込む記念顕彰行為を指す。一九八九年のフランス革命二百周年のときは、七月六日から十二日の一週間ソルボンヌに世界中から三百人を越えるフランス革命研究者を集めて国際学会「フランス革命のイメージ」が開かれ、日本からも六人の研究者が参加して報告している。そのうち私が事後的に読んで多くを学んだ樋口陽一と西川長夫の対照的な報告はすでに本人による日本語訳があるので、[6] 本書には、日本の正統派とも言うべき高橋幸八郎の後継世代の柴田三千雄と遅塚忠躬によるフランス語報告「日本の歴史学におけるフランス革命像」を福井憲彦訳で掲載している。また同じ一九八九年の十月には東京と京都で「フランス革命と世界の近代化」という統一テーマで、ミシェル・ヴォヴェル、リン・ハント、コリン・ルーカスらが参加する国際シンポジウムが開かれており、岩波の『思想』七八九号（一九九〇年三月）には河野健二の思想の言葉「鏡としてのフランス革命」を巻頭に、十六本の論文が掲載されている。

ところが、明治維新百五十周年の今年、日本で世界中から明治維新研究者が集まって国際学会が開かれた形跡は全くない。二、三の月刊誌で、日本人だけの寄稿による特集が組まれただけである。フランスでは、パリのギメ東洋美術館で「Meiji, splendeurs du Japon impérial（明治、帝国日本の栄華）」という明治礼賛調のタイトルの美術展が企画され、「明治、近代日本の建設」と題したシンポジウムが十月二十日、十三人のフランスの日本研究者を集めて開かれた。それに先立って、ピエール・スイリの記事をメインに、月刊誌 *L'Histoire* が二〇一八年九月刊の四五一号で明治天皇の肖像画を表紙に充実した明治特集を組み、対外発信に意欲的な三谷博の論考を仏訳して掲載しているのがせめてもの慰めである。

同じ雑誌のコラム記事で私は、コメモラシオンの仕方の非対称性を示す例として、明治維新にはフランス革命の「七月十四日」に対応する記念日がないことをあげた。フランスはパリの民衆がバスティーユ牢獄を襲撃した七月十四日を国民の祝祭日（Fête nationale）として祝うが、日本には明治維新を祝う記念日がないのである。二月十一日の建国記念日は、紀元前六六〇年に神武天皇が即位したとされる日を明治六年に「紀元節」と定めて祝ったのが始まりである。安倍内閣は、一九六八年に佐藤栄作内閣が武道館で挙行した明治百年式典にならって、慶應四年を明治元年に改める「改元の詔」が発布された十月二十三日を選び、憲政記念館で明治百五十年式典を挙げたが、国民的盛り上がりは全くない。[7] フランス革命二百周年が昭和天皇崩御の年にあたり、明治維新百五十年が平成三十年最後の年にあたることも、西暦と元号の二重の時間制を生きる我々にとっては意味のある歴史の暗合である。

大西洋を挟んで十八世紀末に連続して起こったアメリカ独立革命とフランス革命は様々な形で比較されてきたが、[8] フランス革命と明治維新は世紀も違うし国際環境も違う非対称的な革命であって、日本の歴史家による比較の試みはあってもフランスの歴史家による比較の試みがないのは無理もない。そもそも日仏の比較史のためには、日本語とフランス語の両方で文献を読めるだけの語学力が必要とされる。そこで私は、ピエール・セルナにミニマムの予備知識として三谷博の英語論文 Meiji Revolution（in *Oxford Reseach Encyclopedias*）[9] を送り、ピエール・スイリの近著 *Moderne sans être occidental, Aux origines du Japon d'aujourd'hui*（Gallimard, 2016）に目を通すように勧めた。「非西洋の近代、現代日本の起源」のタイトルが示すように、日本の近代化は西洋の借り着だとする見方とは逆に、日本独自の内発的要因を浮き彫りにして高い評価を受けた名著である。さらに二〇一七年十二月二十日付朝日新聞の耕論「明治維新一五〇年」に、三谷博の

「武力よりも公議公論を重視」と民衆史の色川大吉の「民衆のエネルギーが原動力」の対照的な論説が掲載されたので、ピエール・スイリに仏訳してもらい、これもピエール・セルナに送った。その上でセルナには、明治維新との比較はしなくていいから、「フランス革命は普遍的モデルか、それともフランス的例外か」の問いに答えられるようなフランス革命論を送ってくれるように依頼した。

私がピエール・セルナと出会ったのは、南京事件七十周年にあたる二〇〇七年、上海師範大学のフランス歴史学セミナーでのことで、二〇〇九年に中央大学に客員研究員として招聘して以来の付き合いである。[10] 一九八九年のフランス革命二百年記念国際学会を組織したミシェル・ヴォヴェルの愛弟子と聞いて、剣道をたしなむフランス革命史研究所の新鋭セルナは光って見えた。二〇一二年のルソー生誕三百年記念シンポジウムでは、「ルソーよりさらに遠くに行くロベスピエール——革命において貧者の中心的位置を築き上げること」と題して報告してもらった。[11] そのセルナが二〇一四年九月に、ソルボンヌとグルノーブル近郊のヴィジル城にあるフランス革命博物館で日仏革命史シンポジウムを組織したとき、私はフランスの代表的日本史研究者としてピエール・スイリと引き合わせ、著書のみを通して知っていた三谷博の口頭報告を初めて聴いた。[12] 三谷の報告タイトルは、すでに « French Revolution in comparative perspective – from Japanese experiences in the nineteenth century » で、明治維新との比較史的展望におけるフランス革命だった。こうして、シンポジウム「明治維新を考える」のコアメンバーのうち、三谷博とピエール・セルナと、両者の仲立ち役を期待したピエール・スイリの三人は、すでに二〇一四年にヴィジルのフランス革命博物館で出会っていることになる。翌年八月、三谷とセルナは中国山東省の済南で開かれた国際歴史学会議（五年に一度開かれる）の「世界史のなかの革命」部会で出会っているはずである。

ピエール＝フランソワ・スイリは、日本の中世史研究から出発した歴史家で、一九九五年の『アナール（歴史・社会科学年報）』誌五十巻二号で二宮宏之とともに網野善彦ら日本の歴史家による日本史論集を編集し、勝俣鎮夫の岩波新書『一揆』を仏訳し、近代日本の植民地主義を批判する論文を集めて翻訳紹介する仕事の傍ら、中世の歴史 *Histoire du Japon médiéval* から日本の通史 *Nouvelle Histoire du Japon* を経て維新以後の日本近代史 *Moderne sans être occidental. Aux origines du Japon d'aujourd'hui* までを次々にまとめ刊行してきた。特に最後の書は、二〇一七年度の元老院歴史書賞とアカデミー・フランセーズのギゾー賞をダブル受賞している。一九九九年から四年間、日仏会館のフランス学長を務めるなど、歴史学に限らず日仏学術交流のために尽力してきた貴重な存在である。[13]

＊＊＊

二部構成の本書は四本の論文からなるが、議論の展開が起承転結になるように配列したつもりである。第Ⅰ部のセルナの「フランス独立革命」が「起」で、三谷の「明治維新」が「承」、第Ⅱ部の渡辺浩の「アレクシ・ド・トクヴィルと三つの革命」が「転」で、ピエール・スイリの「比較史のなかの明治維新」が「結」である。

本書所収の座談会には参加してもらえなかったが、日本側のもうひとりの寄稿者は、丸山眞男の薫陶を受けた最後の世代に属し、東大法学部の日本政治思想史講座を継承した渡辺浩である。『日本政治思想史——十七〜十九世紀』（二〇一〇年）[14]の著者は、江戸時代の儒者の著作を研究する上で四書五経の漢籍に通暁し、しかも明治初期の啓蒙思想家が参照し紹介した西洋の政治思想にも明るい。私が渡辺の深い学識の一端に触れたのは、二〇〇五年のトクヴィル生誕二百年記念国際シンポジウム「アメリカとフランス、二つのデモクラシー」での英語報告「アンシャン・レジームと明治革命——トクヴィルをてがかりに」である。[15]周知のように、トクヴィルには『アメリカのデモクラシー』（上巻一八三五年、下巻一八四〇年）の他に『旧体制と革命』（一八五六年）があり、まさに比較史の先駆者と呼んでいい歴史家であり思想家だが、渡辺は『旧体制と革命』の分析を明治維新に適用し、フランス革命との相違と同時に類似点をあぶり出し、明治維新をはっきり「革命」と呼んだのだった。[16]

渡辺には二〇一二年のルソー生誕三百周年記念シンポジウムでも、ルソーの『社会契約論』を漢訳した中江兆民をめぐり「兆民、ジャン＝ジャックを裁く」というトリッキーな題で報告いただいた（ルソー晩年の作品に『ルソー、ジャン＝ジャックを裁く』がある）。翻訳は原文の正確な理解にもとづく忠実な翻訳であることが必要だが、『民約訳解』(一八八二年)は漢訳の書でありフランス語と漢学の深い素養がなければ翻訳の質を正しく評価できない。「兆民、ジャン＝ジャックを裁く」は、「中江兆民がルソーから学んだことと拒否したこと」を腑分けし、「東洋のルソー」が単なるルソーの祖述者にとどまらない独自の思想家であることを明らかにした論考である。

本書の渡辺論文はいわば「アンシャン・レジームと明治革命」の続編で、今度はフランス、日本、中国の革命を、トクヴィルのデモクラシーの定義にもとづき順序を逆にして中国を先頭において論じる。「諸条件(境遇)の平等(l'égalité des conditions)」をもってデモクラシー社会を定義し、アリストクラシーからデモクラシーへの移行を神の摂理としたトクヴィルは、未来の世界が「隷従の下での平等」のロシアと「行動の自由による平等」のアメリカに二分されると予言したが[17]、渡辺は「一人の専制君主に服する民主的な国民」が実在した十世紀以後の中国にこそ「隷従の下での平等」のデモクラシー社会の原型があったとする。中国には世襲による貴族は存在せず、国を統治するエリートは機会の平等にもとづく科挙によって選抜され、一代で築いた富は均等相続された。十九世紀末に列強の脅威にさらされた清朝は制度改革を余儀なくされ、科挙を廃止するが、昇進の機会が失われ個人の能力と社会的地位に乖離が生じたとき、君主に対する忠誠は失われ、より公正な秩序を求めて反逆が起こる。一九一一年の辛亥革命の原因は科挙の廃止にあるというのである。日本の場合は、科挙の制度がなく世襲身分制のもとで昇進と活躍の機会を奪われていた下級武士の鬱積した不満が、尊王攘夷から倒幕に向かう原動力になり、廃藩置県と秩禄処分による武士階級の自殺とも言うべき社会革命を引き起こしたとする議論は納得できる。この先の精緻な論証は渡辺論文に譲ることにして、私が注目したのは、自由でデモクラティックな社会にも「民主的専制（despotisme démocratique）」が生まれる危険があるとしたトクヴィルの予言[18]が、現代のアメリカに実現されつつあり、西洋社会の未来はかつての中国かもしれないとした四節最後の一文である。

渡辺は論文の終わりで、「中国はふたたび「民主的専制」に戻ったようである。ただし、この「民主的専制」が近世中国のそれと違うのは、「専制」がさらに徹底した反面、政治指導者と高級官僚を選出するための、広く開かれた科挙が存在していないことだ」と言う。毛沢東時代の文化大革命の記憶も、一九八九年の天安門事件の記憶も封印された今の中国で、いわゆる歴史認識の問題で隣国との対話の矢面に立ってきた三谷博にとって[19]、いかに暴力なしに民主化革命を進めることができるかが、維新史研究の隠れた、しかし切実な動機だという。「今後の中国はいかにすれば、犠牲なくして自由を獲得できるのか」という課題に資するためには、逆に、「フランス、ロシア、中国で、犠牲が夥しくなったのはなぜか」という問いを立てることが必要だというのである。

三谷は、明治維新の犠牲者はわずか三万人でフランス革命とは二桁違うと言ってセルナを怒らせたが、セルナに言わせれば、革命のコストを大きく見せることで革命のメリットを貶めるのは反革命派の常套手段である。たとえば、フランソワ・フュレの弟子で、フュレが社会科学高等研究院EHESSにつくったレイモン・アロン研究所の教授パトリス・ゲニフェーは、革命と暴力の関係についておおよそ次のように言っている。

イデオロギーにもとづく近代の革命はすべて共通の運命をたどった。蜂起によって国家が転覆され、内戦の中から独裁的権力が生まれる。フランス革命のロベスピエール、ロシア革命のスターリン、中国革命の毛沢東がそれである。この独裁権力はテロル（恐怖政治）によってしか維持できない。暴力による革命は人民によってではなく、上から別の指導者によるミニマムの安全と秩序の回復によって終わる。革命は自壊し、革命の終わりは政体の安定化をもたらす。それがテルミドールであり、革命の遺産を制度化し法律化したナポレオンである。しかし、二十世紀の革命は多くを破壊したが何も構築しなかった。コミュニズムは革命そのものを不可能にしてしまったのである。[20]

『ある幻想の過去――二十世紀の全体主義』（一九九五年、邦訳二〇〇七年）で共産主義の幻想を埋葬したフュレの遺言に忠実な分析だが、ここから暴力なき革命の展望を引き出すのはむずかしい。私はむしろ「フランス革命は終わっていない」とするピエール・セルナの方に期待をかけたい気がするが、シンポジウムを準備する中で三谷氏からいただいたメールを引用することで、本稿の開かれた結論にしたいと思う。

フランス革命の現代への意味は基本的人権を理論化し、かつ実現して見せた点にあるが、その犠牲の大きさには看過し得ないものがある。これに対し、明治維新には普遍的意味を持つイデオロギーはなかったが、犠牲の少なさは今後の人類がくみ取るべき重要な事実である。特に、いまや世界覇権を握る寸前になった中国の行方は懸念の的になっている。言論抑圧が成功し続ければ、西洋モデルに代わる中国モデルが世界から模倣される傾向が加速するだろう。しかし、自由化を急激にやると、中国は文革の再現を見ることになるはずで、中国の知識人も中間層もこれを極度に恐れている。このような問題状況では、目的にもまして方法の議論の方が重要で、それには、のろまな迂回路を取った維新は良い参考になる可能性が高い。

註

(1) フランス革命を本格的に扱った最初の著作は、明治四年(一八七一年)刊の箕作麟祥の『萬國新史』と福沢諭吉の『西洋事情 第二篇』だという。高橋暁生「明治期におけるフランス革命観」、山﨑耕一・松浦義弘編『フランス革命史の現在』山川出版社、二〇一三年。
(2) 特に講座派は戦後歴史学において、『市民革命の構造』(一九五〇年)の高橋幸八郎によって受け継がれる。松浦義弘「フランス革命史研究の現状」、前掲『フランス革命史の現在』、八―九頁。『明治維新』(一九五一年)の遠山茂樹も講座派の系譜に連なる。
(3) 註(1)、(2)で参照した前掲書。

(4)河野健二には『フランス革命と明治維新』(日本放送出版協会、一九六六年)があり、河野が担当した一九八九年春のNHK市民大学『フランス革命二〇〇年』の最終回は「フランス革命と明治維新」にあてられている。岩倉使節団の研究で知られる田中彰の編になる優れたアンソロジー『世界の中の明治維新』(吉川弘文館、二〇〇一年)には、フランス系では一九五三年の高橋幸八郎の仏語論文の遅塚訳をはじめ、桑原武夫、河野健二、遅塚忠躬の論文が収録されている。柴田三千雄『フランス革命』(初版一九八九年)の岩波現代文庫版(二〇〇九年)には、補論として「フランス革命と明治変革――比較史の枠組」が収められている。遅塚忠躬には「フランス革命と明治維新」(『日仏学術交流のルネサンス』、日仏会館、二〇〇九年所収)もある。

(5)王殺しの革命については、遅塚忠躬「フランス革命における国王処刑の意味」、遅塚・松本・立石編『フランス革命とヨーロッパ近代』(同文館、一九九六年)所収を参照。

(6)樋口陽一「四つの八九年、または西洋起源の立憲主義の世界展開にとってフランス革命がもつ深い意味」、シュヴェヌマン・樋口・三浦著『〈共和国〉はグローバル化を超えられるか』平凡社新書、二〇〇九年所収。この論文で樋口が立てた「ルソー=ジャコバン型共和国」対「トクヴィル=アメリカ型民主主義」の理念型の対比は、私にとってその後長く研究上の指針となった。西川長夫「日本におけるフランス革命、戦後歴史学における国民国家とそのイデオロギーの問題を中心に」、『立命館言語文化研究』一巻一号、一九九〇年所収。以下のサイトでも閲覧できる。http://www.ritsumei.ac.jp/acd/re/k-rsc/lcs/kiyou/1-2/RitsIILCS_1.2pp.1-24Nishikawa.pdf 西川最晩年の「フランス革命再論――革命は植民地主義を克服したか」(『植民地主義の時代を生きて』平凡社、二〇一三年)も重要。

(7)安倍首相は二〇一五年八月に山口県での講演で明治百五十年に言及し、「明治五〇年が寺内正毅、一〇〇年が佐藤栄作、私が頑張れば一八年も山口出身の首相となる」として旧長州藩出身の首相の存在を強調したという(毎日新聞二〇一八年一月三十日付)。しかし明治五十年の一九一八年は、シベリア出兵を断行した寺内内閣が米騒動で倒れ、旧南部藩(盛岡)出身の平民宰相原敬が初の政党内閣を組閣し、薩長の藩閥政治が終焉した年である。原敬は戊辰戦争の東北戦争に由来する「白河以北一山百文」から採った「一山」を雅号とした。

（8）一例のみあげるなら、政治哲学者のハンナ・アーレントは『革命について』（一九六三年）で、アメリカ独立革命が公共空間での自由を創設する政治革命だったのに対し、フランス革命は貧困問題を解決するための社会革命だったために失敗したとし、ロベスピエールによるジャコバン独裁をルソーの一般意志論に帰している。

（9）http://asianhistory.oxfordre.com/view/10.1093/acrefore/9780190277727.001.0001/acrefore-9780190277727-e-84で閲覧可能。

（10）その時の講演記録として、「革命二百年以降のフランス革命研究の状況」山﨑耕一訳、『専修人文論集』八六巻、二〇一〇年（http://ir.acc.senshu-u.ac.jp で閲覧可能）と「共和国は変則的政体か?」三浦信孝訳、『日仏文化』七九号、二〇一一年がある。

（11）永見文雄・三浦信孝・川出良枝編『ルソーと近代――ルソーの回帰・ルソーへの回帰』（風行社、二〇一三年）に増田真訳で収録。

（12）シンポジウムのプログラムは以下のサイトを見よ。https://ihrf.univ-paris1.fr/fileadmin/IHRF/Enseignement/Manifestations_Scientifiques/Programme_colloque_franco-japonais_2_et_3-09-2014.pdf

（13）スイリの著作はいずれも未訳だが、本書のテーマに関係がある日本語の出版物として、比較人類学者マルセル・デティエンヌやフランス革命史のソフィー・ヴァニシュが参加している共編著『歴史におけるデモクラシーと集会』（専修大学出版局、二〇〇三年）があり、「明治維新、近代革命か復古か」と原勝郎による日本中世史の創造を扱った論文「明治期における「日本史」――表象とそれに賭けられたもの」小野潮訳（三浦信孝・松本悠子編『グローバル化と文化の横断』中央大学出版部、二〇〇八年）がある。

（14）この本には英訳がある。Hiroshi Watanabe, *A History of the Japanese Political Thought, 1600-1901*, translated by David Noble, International House of Japan, 2012. 英語版が十九世紀までを一九〇一年までとしているのは、最後の二章が福沢諭吉と中江兆民にあてられており、一九〇一年が二人が亡くなった年だからであろう。

（15）松本礼二・三浦信孝・宇野重規編『トクヴィルとデモクラシーの現在』（東京大学出版会、二〇〇九年）所収。

（16）前掲『ルソーと近代――ルソーの回帰・ルソーへの回帰』所収。

(17) トクヴィル『アメリカのデモクラシー』松本礼二訳、岩波文庫、第一巻(下)四一八―四一九頁。

(18)「民主的専制」については、『アメリカのデモクラシー』第四部第六章「民主的諸国民はいかなる種類の専制を恐るべきか」、岩波文庫第二巻(下)の特に二五六―二五九頁を見よ。

(19) 三谷には劉傑・楊大慶との共編著『国境を越える歴史認識――日中対話の試み』(東京大学出版会、二〇〇六年)がある。

(20) Patrice Gueniffey, « Comment meurt une révolution ? » , in *L'Histoire des Révolutions*, La Vie - Le Monde, Hors-Série, 2018, p.21. ゲニフェーの著作には『テロルの政治――革命的暴力試論』(二〇〇三年)、『革命と帝政の歴史』(二〇一一年)、ナポレオンの伝記『ボナパルト』(二〇一三年)などがあるが、邦訳があるのは、フュレとモナ・オズーフ共編の『フランス革命事典』(一九八八年、邦訳みすず書房)に執筆した数篇の項目だけである。

I　革命観の相克

第一章　フランス独立革命
——長期持続の視点からコスモポリタン的政治形態を再考する

ピエール・セルナ（三浦信孝訳）

一　比較史におけるフランス革命と明治維新(1)

これまで長いあいだ、歴史家たちは、それぞれ自分が研究する革命を、あるいは自国の歴史の中に刻印されたその特殊性にしたがって、あるいは過去を再訪して証明せんとする一国史的物語（roman national）にしたがって、特別なものとして扱う道を選んできた。グローバル化の時代にあって、歴史学は、経済のグローバル化の外にこそあるが、文化交流や国境を越えた研究交流によって、比較史という新しい歴史記述のフィールドが生まれている。今回のシンポジウムの場合、明治維新とフランス革命を交差させた読解という「建設的パラドクス」と方法論的挑戦について考えることは無駄ではないだろう。一見したところ、一七八九年と一八六八年という一世紀近い距離をおいて起こった二つの革命は、その背景にある文化的環境も政治システムもあまりにも違い、あまりにも異質であるため、比較を試みることは難しいように思われる。しかし、二つの歴史上の断絶は、類似点は少ないが、その仔細な比較検討は、「革命」について、それぞれのモデルが生み出した「近代」について、また二つの国で起こった大規模な転換を正しく評価するために考えるべき「歴史性の体制」について、考察を促さずにはいない。[2] 現代人が使う用語に敏感な歴史家として、二つのケースにおいて使われる「革命」という語の意味を検討し、それぞれの革命の異なる歴史的局面がどのようなものだったのかを検証しようと思う。

まずはじめに、近代におけるいくつかの革命を、政治的側面に注目し、三ないし四要素からなるその近代性を通して定義づける必要がある。この観点からするならば、最初の革命は、近代世界の革命を象徴する新しい統治モデルを求め、半世紀にわたる内乱と暴力に終止符を打った一六八八年の名誉革命である。主権は一定の制限をもって定義され、ネーションあるいは臣民＝市民の総体からなる政治体はほぼ適切な代表制によって代表される。個人は行動の自由、移動の自由、信仰の自由、表現の自由などの基本権を承認される。国全体は、行政権・立法権・市民権の三権のあいだに対立が生じた場合に依拠すべき法文を定めた憲法によって統治される。一国の政治制度の変革が、政治権力・国民の代表制・個人の自由・憲法の起草という四つの政治的ツールの誕生を伴うとき、それを近代的革命と考えることができる。

フランス革命は、以上の四要素を「平等」の概念によって補完する理念的地平を構築し、歴史的断絶に、社会的民主化というもう一つの次元を付け加える。その平等概念は、単なる法の前での平等ではなく経済的平等を含意しており、フランス革命は、ルソーにならって、社会の全構成員のあいだに過度の社会的格差がないことを革命完成の必須条件としたため[3]、ユートピア的で寛大な野心的目標によって革命を存在論的に終わり得ないものにした。フランス革命には下層階級が主要アクターの一員として参加したため、後世の歴史家は下からの歴史、政治的革命の社会史を考慮することを義務づけられた。その結果、いかなる革命であれ、恣意的権力に対する抵抗権の正当性が、革命の本質的に重要な概念として誕生した[4]。

以上のように考えると、二百二十五年前から革命をめぐるこうした問題系をさまざまな仕方で提起した九ないし十の革命をあげることができるだろう[5]。一六四〇年から一六八八年にかけてのイギリス革命、一七七六年から一七八九年のアメリカ革命、一七八九年から一七九九年と一八七一年のパリ・コミューンを含むフランス革命、一八〇一年から一八〇四年のハイチ革命、一八一〇年から一八三〇年のラテンアメリカの革命を誘発した〔シモン・ボリバルの〕コロンビア革命、一八六八年から一八八九年にかけての日本の明治革命、一九一七年から〔ネップが終わる〕一九二七年までのロシアのソヴィエト革命、一九四九年から一九六八年の中国革命、一九七九年から一九八一年のイラン革命。これらの革命は、その成功と限界、暴力、あるいはその解放と転換の力、社会の成員の力を解き放ち社会を再編しようとする意志によって、それぞれの時代に深い刻印を残し、国境を越えて、数十年にわたり、あるいは今日まで、その周辺諸国にまで影響を及ぼしている。チュニジアの革命についてはまだその帰趨を問うことはできないが、確実に言えることは、北米でも南米でも、アジアでもアフリカでも、ヨーロッパでも、後代に明白な影響力を持つ歴史上の異なる時点において成立した近代性（modernité）が、それぞれの革命モデルの特殊性は排除しないが、今や普遍的に共有されているという事実である。(6)

したがって、諸々の革命を合わせ鏡にして比較すること、すなわち、決して同じ行動を繰り返すわけではないが、互いに影響を及ぼす革命を比べて観察することは間違った試みではない。独立革命時のアメリカ人は腐敗する以前のイギリスの清教徒による正しい統治形態を夢見たし、フランスのジロンド派はアメリカ憲法を熟知していたし、ソヴィエト革命を起こしたロシア人はフランスの一七九二年〔の王権停止〕と一八七一年のパリ・コミューンを詳しく検討していた。第二次世界大戦後、地球の反対側にある日本の歴史家・高橋幸八郎がフランス革命期における農村の土地所有の改革に関心を持ったのは、一九四五年以後の日本における農地の民主的再分配による農地改革と、半封建的な土地所有からブルジョワ的土地所有への転換プロセスを明らかにするためだった。(7)

二　大西洋革命の中のフランス革命——すべての革命は独立革命である

一連の近代革命の始まりは十七世紀のイギリス革命にさかのぼる。一六四九年の清教徒革命は国王チャールズ一世を裁判にかけ処刑したラジカルな革命で、王殺しの革命はフランスよりイギリスがはるかに先である。清教徒革命は英語で Commonwealth（「共通善」、ラテン語の res publica の英訳）と呼ばれる共和国の一時期を創始した〔一六六〇年の王政復古まで〕。革命期に登場した党派には、コミュニズムの起源とは言わないが、共同社会運動（コミュナリズム）の先駆けになったレヴェラーズ（水平派）とディッガーズ（真正水平派）があるが、失った権力を取り戻そうとするエリート層は下層の社会集団と権力を分有しようとしなかったため、弾圧され衰退した。[8]

四十年後の一六八八年に、イギリスの貴族エリート層はいわゆる名誉革命によって議会制王政を樹立し、[9]それが現代まで続いているわけだが、それはいかなる代価を払ってか。名誉革命をホイッグ神話[10]にしたがって無血の平和革命のモデルとして思い描くことほど大きな間違いはない。社会の安寧を確保するために、鉄の警察と「血の法典」[11]と呼ばれる抑圧的法体系が整備され、異端者、反逆者、プロテスタント諸派はアメリカの新植民地への移住を余儀なくされた。[12]彼らの中にはカリブ海の海賊になった者もあるが、二世代あとには七年戦争〔一七五四―一七六三年〕の後、イギリス本国に反抗し、アメリカ独立戦争を引き起こす。独立戦争の勝利には一七七八年に参戦したフランスの貢献があるが、[13]フランスには戦費を賄うため膨大な借金がかさみ王国の財政を圧迫する。啓蒙思想由来のラジカルな改革志向、前代未聞の経済危機からくる社会状勢の緊迫化、それに体制転換の場となった大西洋空間でアメリカから伝わった革命的共和国思想が濾過装置としてはたらく。それ以外の内発的要素を過小評価してはならず、フランス革命の特殊性を無視することはできないが、一七八九年の革命の勃発の遠い起源がイギリスとアメリカにあることは疑いない。こうした革命の連鎖の中にフランス革命を位置づける方法は、「大西洋革命」のコンセプトに抵抗する一部の歴史家がそう考えたようにフランス革命を「平凡でありきたりのものにする (banaliser)」どころか、その見過ごされてきた諸側面に新しい光をあて、日本を含む他の国々にも共通する革命の知られざる動因のひとつを発見させてくれる。それは、すべての革命は一国の独立を守り独立の基礎を固めるための革命であるという発見である。(14)

敵対的な君主国に囲まれて一八七〇年に誕生した第三共和政は、フランス革命を自らの正統性の根拠にしたが、我々は第三共和政がつくった神話に逆らってフランス革命を理解しなければならない。十八世紀末のヨーロッパで、まわりを君主国に囲まれ、圧制に抗して立ち上がったのはフランスが最初ではなく、イタリアのジャコビーノ革命の三年(一七九六―一七九九年)を除けば、むしろ最後である。フランスの前にコルシカの独立戦争〔一七六九年まで〕、ロシア帝国のプガチョフの反乱〔一七七三年〕、ジュネーヴ、アイルランド、ネーデルラント連合共和国、オーストリア・ハプスブルク領ネーデルラント、リエージュ司教君主領で、古くからの寡頭的支配や自由を圧殺する疲弊した権力の転覆が企てられた。しかし、ヨーロッパにおけるこれら一連の反乱や革命で注意されてこなかったことは、以上の革命のうち、決定的なかたちで旧体制に代わる近代的新体制を樹立できた例はないことである。王国の軍隊からなる国際警察が、王朝の利益維持のため、外交上のバランスが反乱によって崩されると見るや介入した。ヨーロッパの王権秩序は人民主権の革命を許さなかったのである。かくてフランスとピエモンテ〔サルデーニャ王国〕がジュネーヴに介入し、イギリスがアイルランドに、プロイセンがネーデルラント連合共和国に、オーストリアがブラバントに介入する。

したがって、以上にあげたヨーロッパの革命が、特に一七八〇年以降すべて失敗に終わっていることを確認するとき、我々はフランス革命の歴史を見る従来の見方を逆にしなければならない。一七八九年に憲法制定国民議会に集まった国民の代表者たちが引き出した結論は単純なものだった。直近のアメリカ革命を除いて先行するすべての革命が失敗に終わった以上、革命を勝利させるには、国内の反革命勢力に敵対するだけでなく、周辺国の連合軍からなる国際警察の介入を阻止しなければならない。こうした国際環境の中で革命を見直すとき、フランス革命の歴史を反革命の歴史と切り離して書くことはできなくなる。反革命は誤解を招きやすいその名称とは裏腹に、革命が起こった後に生まれたのではなく、すでに啓蒙思想に敵対して生まれていた。(15)

事実、複数の事例を比較する革命研究がなかったために、この現象の認識は遅れた。確かに、ジュネーヴやコルシカ、アイルランドに介入するのと、パリをめざしてフランスに侵入し、ルイ十六世を絶対王政の王座に復位させるのでは状況がまるで違う。ルイ十六世はイギリスのメアリー二世とウィリアム三世ほどの知性を持ち合わせておらず、[16] 革命を終わらせることもできたであろう議会制王政のゲームを引き受けることなく、国王自身の裏切りによって王権は停止され、王の処刑という悲劇的最期をとげることになる。フランス革命がヨーロッパ全体を脅かす危険なものとなるや、周辺の君主制国家の軍事介入の動きが強まり、戦争のみが可能な道になる。一七九二年四月の開戦〔オーストリアに対する宣戦布告〕から九カ月後の一七九三年三月には、世界一の強国だった海上王国イギリスが革命を破壊して古い秩序を維持するため対仏大同盟を結成し、大陸と大西洋空間を戦争の渦の中に投げ込む。[17]

イギリスははじめフランスが百年遅れで絶対王政モデルの失敗を認め、自由なイニシアティヴによって社会の繁栄を保証するリベラルな体制が生まれたのを好感した。しかし「ルール・ブリタニア」のレアルポリティークは、フランスが陥った革命による国内の混乱に乗じて、海外植民地市場でのシェア拡大を図る。フランスの革命が急進化した場合は、友邦のプロイセンに状況をコントロールさせようとした。それに対しフランスは、一七九〇年五月二十二日の「対外平和宣言（Déclaration de paix au monde）」によって定めた外交ルールを変更し、一七九二年末にブッシュ・ド・レスコー〔英仏海峡に面したオランダのゼーラント地方〕を占領してイギリスの海上覇権に挑戦すると、海上権力（sea power）を脅かされたイギリスは革命に対し攻撃的姿勢に転じる。このように見たとき、フランス革命は歴史家が考慮すべきグローバル・ヒストリーの中に書き込まれてその相貌を一変し、それから約八十年後に日本が維新革命を敢行した理由のひとつは、アメリカの海上権力の脅威から自国の独立を守るためだったことを連想させずにはおかない。

三　内と外——反革命との戦争

そうは言うものの、それぞれの革命には特殊性があり、モデルとしての規範性がある。フランス革命の特殊性はどのようなものかを要約しておこう。ジョルジュ・ルフェーヴルが〔一九三〇年代に〕示したように、フランス革命では複数の革命が重なって起こり、革命のプロセスを建設のベクトルと破壊のベクトルに二重化し、たえずよりラジカルなものにした。革命は王権に対する貴族の反抗で始まり、続いてブルジョワの革命が起こり、それが予期せぬ形で都市民衆の革命と、さらにいっそう驚くべき農民の革命を引き起こした。[18] 要約するならば、一七八九年は、主権の急激な転換・選挙による国民代表制・行政府に対する立法府の優位・万人にとって同一の法律と法の前の平等・身分による特権の廃止を実現し、自由で単一の国家を創造した。革命は参加する市民権を創造し、デュフルニ・ド・ヴィリエなどは大胆にも最貧層の権利を要求して、第三身分の下にある第四身分の尊厳を主張した。[19] 以上が一七八九年五月から十月にかけて数カ月のあいだに起こった変革であり、ミラボー伯爵は君主制を「もはや再来することのない旧体制（ancient régime）」と呼んだ。

以上の諸要素が一七八九年の強烈な出来事の連続を理解する鍵だが、これだけでは、反革命の二つの戦線で闘わねばならなかったフランス革命を定義するには十分でない。内と外の反革命との闘いこそが、今日なおフランスで論争の的になる革命の暴力とドラマを説明する。

そもそも、革命を支持する歴史家たちのあいだでも認められていないテーゼだが、革命とは内戦＝市民戦争である。[20]長いあいだ、古典的歴史記述は国民融和を優先してこの事実を隠してきた。一七九〇年の聖職者民事基本法[21]から一七九三年一月の国王の処刑にいたる極めてラジカルな形の革命は、すべてのフランス人が望んでいたわけではないのだが、革命を支持する歴史家たちはそのことを認めようとしなかったのである。「内乱＝市民戦争」という語は、民衆による反革命と、共和国という新政体のアイデンティティに関するフランス国民のあいだの深い分裂を示す。民衆の大半が革命に反対だったわけではないが、共和国という形で新しく生まれた体制は、都市のブルジョワ層が支配する新しい経済秩序に失望した民衆のかなりの部分が拒否した。[22]イギリスでは一六八八年には内戦を経験しなかったが、同国人同士の血で血を洗う闘いはそれ以前に起こっていた。アメリカでは独立戦争と奴隷制共和国の誕生後しばらく、一八六一年に始まる南北戦争まで内戦はなかった。それに対しフランスでは、共和国の創出とそれがもたらすあらゆる緊張と同時に、内戦に直面しなければならず、内戦はヴァンデの反乱の鎮圧まで続いた。[23]フランス革命は政治・経済・文化・社会の革命だけでなく、宗教の革命でもあった。社会の世俗化を内容とする宗教の革命は、ライシテ（非宗教性）原理を法制化した一九〇五年の政教分離法によって沈静化するまで、一世紀を必要とした。[24] 革命に始まる内戦はフランスを深く分断した。王政から共和国への転換は国を和解させるよりは分裂させたのである。

以上の内戦に新しい性格の対外戦争を付け加えなければならない。この点は、フランスの歴史記述では、二十世紀後半の脱植民地化のトラウマと、フランスは一七八九年にすでに国の形が出来上がっていたとするトクヴィルの連続説を受け継ぐ歴史家が多いため、革命戦争の諸側面は未開拓のまま残されてきた。実際、独立戦争の概念は一方でアルジェリア戦争の現代史に結びついており、今日なおフランスはアルジェリア戦争のトラウマから癒えたとは言えない。[25] 独立戦争の概念は、他方でアメリカの現代史に結びつくが、アメリカの独立は革命の側面を捨象して論じられる。未来の共和国はイギリスの旧植民地の独立としてしか認識されていない。フランス革命では、独立戦争の概念は一七九二年に始まる戦争には当てはまらないと考える歴史家が多い。革命戦争としての対外戦争は一七九二年から一八〇二年のアミアンの和約〔ナポレオンがイギリスと結んだ講和条約〕まで十年続いたとされる。しかし今や革命戦争の見方を変えて、徹底した独立戦争をその真に革命的次元において捉えなければならない。フランスが独立の共和国として正式に認められるのは、外交上、君主制を採る周辺の大国とのあいだでフランスの新体制の現実を承認する講和条約が締結されたときである。総裁政府が一七九五年四月五日にプロイセンと、七月二十二日にスペインとのあいだで調印したバーゼル条約がそれである。明治維新の場合も同じことが言えないだろうか。日本の躍進には、十九世紀後半にアジア諸国が植民地化されたのと同じ植民地化の運命を回避し、自国の力を承認させ独立を全うしようとする意志がはたらいたのではないか。[26]

現代的意味での革命は、革命を地理学的に膨張する国家（une puissance en expansion）に変えるコスモポリタン・システム（国家間関係）の担い手にする。周辺諸国からの攻撃に直面するとき、古い国境の枠組みを越えて、意識的と否とを問わず革命を好戦的なものにする原理がはたらくのである。名誉革命後の十八世紀のイギリスは、植民地帝国の建設をめざし、歴史家が「第二次百年戦争」と呼ぶフランスとの戦争に入った。明治維新を完成した日本が帝政ロシアと戦争したのは、帝国拡大の意志のあらわれではなかったか。

フランス独立革命の問題は、あらゆる種類のコンフリクトが十年のあいだに集中したことにある。政体の転換と旧来の反革命勢力との緊張が内戦を招く。それと並行して周辺の王国との戦争が始まり、暴力の激しさを倍増させる。フランスに激発した一連の事件の集中度をはかる上で、比較史はほぼ同時代のアメリカの例を提供してくれる。アメリカ革命は一七七四年から一七八一年のイギリスからの独立戦争で始まり、一七八七年から一七八九年の憲法起草のあとも国内の強い緊張の時期が続き、五十年後の一八六一年から一八六五年の南北戦争は若い共和国を分裂させた。ただしこの間、アメリカは大きな島だったため、海が外からの侵略を困難にした（これは明治の日本にもあてはまる）。外からの侵略という不安要因が相対的に小さいことは、落ち着いた国内戦略を可能にする。しかし、国境を接して敵対的王国に囲まれたフランスにはその条件が欠けていた。大西洋の対岸で百年にわたって展開された出来事を、フランスはわずか十年で経験しなければならなかった。事件の密度と集中が革命を生きた世代にとって経験の強烈さとその暴力性を説明する。革命期を生きたフランス人は、十年で一生に匹敵する経験をしたと告白している。

フランス革命は短期間のうちに、今日まで行われている権力構造の四つのマトリックス（母型）を創出した。一七九一年憲法の立憲君主制モデル。これはヨーロッパの多くの国で今日なお行われている。一七九二年に生まれた民主的共和国モデル、これは一七九三年のジャコバン憲法に結実するが、社会的すぎて実施されなかった。総裁政府の一七九五年憲法は共和制的行政権と二院制を創案した能力主義的共和国モデルで、マルクスはこれを嘲弄してブルジョワ共和国と呼んだが、今日議会制共和国ではこれがもっとも一般的である。最後に一七九九年のボナパルトのクーデタで軍国主義的な権威主義的共和国が生まれる。これは革命史研究で忘れられがちだが、ラテンアメリカの共和国の母型になっている。

以上の条件下で、革命期の暴力の問題はその謎の一部が解明される。革命が内戦と対外戦争に直面し、ハンナ・アーレントの言葉を借りるなら世界規模の内戦（world civil war）に逢着するとき、いかにして暴力を引き起こさずにいられよう。最近、アメリカの歴史家アーノ・マイヤーはロシア革命とフランス革命における暴力の比較史を出版した。この研究は革命の暴力を免罪するためではなく、革命の初期には反革命勢力が新体制を打倒するだけの武器と兵力を集める財力を持つため、力関係は革命勢力に不利にはたらくことを明らかにしている。[27] また、暴力に関する研究は、犠牲者の数を計算するとき特別の厳密さを要求する。フランス革命では内戦で六十万人、イデオロギー的思惑から誇張された数字が出回っているからである。戦争とナポレオン戦争を一緒にして革命戦争の犠牲者を百三十万人とする者がいるが、歴史記述として適切さを欠く。[28] 内戦の犠牲者は双方合わせて三十五万人から四十五万人のあいだですべての専門家が一致している。エルヴェ・ドレヴィヨンの最近の研究では、革命戦争の死者を二十四万五千人としており、これを第一帝政期の戦死者九十万人と一緒にすることはできない。[29] これらの印象的な数字は、ファンテジー半分で推定される数字よりは妥当な数字である。

しかしながら、革命期のあれこれの局面における極端な暴力の問題は残っている。この問いに答えるためには、上に述べた戦争の性質に立ち戻らなければならない。革命期の戦争は一七八九年以前の古いヨーロッパの戦争とは性格を異にする新しいものだった。戦争はイデオロギーの次元で全く新しい形態を採る。共和派にとって敗北は自らの消滅を意味したから、戦争は負けてはならないものだった。この単純な事実が戦闘参加者双方の暴力のエスカレーションを説明する。一方は「自由な生か、しからずんば死を」を合言葉に共和国を防衛する。他方は打倒すべき不敬虔な共和国に対して聖戦に挑む。勝利による平和のみが戦争を終わらせる以上、戦闘は過酷なものになる。歴史に「if（もしも）」はないが、明治維新に置き換えて考えてみよう。アメリカが幕末期に、日本の国内問題の解決を日本人に任せず、アメリカが幕府と結んだ条約を尊重して将軍を支援し、日本に軍事介入したらどうなっただろう。熾烈な内乱に加え対外戦争が起こり多くの死者を出しただろう。

もうひとつの仮説は、遅塚忠躬の明快な論文「ルイ十六世の裁判における王の二重の身体」が示唆してくれる。[30] 遅塚論文はルイ十六世の裁判を問題にしているが、幕末の日本における双頭体制に応用できる。一八六七年に、産みの苦しみのさなかにあった日本全体の願望に棹差すかたちで、将軍と天皇が二重の権力を体現していた。将軍は朝廷と戦うことなく平和的に退位し〔大政奉還〕、天皇は新しい君主の地位を引き受けるが絶対権力は求めなかった（これは外国の君主に救援を求めて自国を裏切り、自ら退位することを拒んだルイ十六世とは正反対のふるまいである）。天皇と将軍がルイ十六世のように好戦的態度を取っていたらどうなったか。答えは明らかで、内戦が起こり、フランスと同じような対外戦争につながっただろう。

四　普遍的市民権の創出と実現の困難

フランス革命は内外の戦争だけに要約されるわけではない。他の偉大な革命の場合と同様、フランス革命が後世に残した積極的側面を等閑に付すわけにはいかない。政治体制の転換以外に、個人の地位と個人と集団の関係もラジカルに変わり、これがフランス革命の独創性の核になる。すなわち新しい市民権のコンセプトで、フランス社会のみならず現代政治全体に大きなインパクトを与えた普遍的市民権の問題である。

「人は臣民（sujet）として生まれ、市民（citoyen）になる」とラザール・カルノーは言った。少なくとも四世代にわたる長期の教育と思慮と文化変容によって人は市民になる。四世代とは一七六〇年と一七八〇年のあいだ、一七八〇年と一八〇〇年のあいだに生まれた世代から、一八六〇年まで、さらには一八八〇年の後に生まれた世代を指し、国民（Nation）の中に共和国の事実を根づかせる基本的法律の恩恵を受けて育った世代である。市民権の成立には幾層もの時間が積み重なっており、一七九一年、一七九三年、一七九五年の憲法で市民権を定義する条項の解釈には議論があるが、普遍的市民権を創設する上で一七八九年八月二十六日の人権宣言以上に重要なのは、一七九四年二月四日の奴隷制廃止令である。法律や憲法が定義する市民の法的地位について問うことは重要だが、歴史家としては、革命のプロセスが正統的な仕方で生み出した「市民というメチエ」習得の実際を観察し考慮に入れなければならない。法的原則と正統的実践のあいだで、市民の「現実的人格」は構築されるからである。平等な権利を求める多数者の願いの翻訳としての市民権、あるいは少数者が考える同一の政治的能力の承認の表現としての市民権。この意味で、市民権は実践に移されるべき法文に送り返すのではなく、生きられた現実における行動に送り返されるべきものだ。市民の行動には、寝室や家、村、町、県や郡、国会から、アナカルシス・クローツ男爵が唱えた「世界共和国」までさまざまなレベルがある。[31] 以上の観察から論理的に確認されることは、市民権の時間的構築が二重の力学に依拠していることである。第一は、憲法の条文が定めた市民権で、共同体をその直接的効果において建設すべく受動的に受け入れられた市民権であり、第二には、たえざる改善可能性(perfectibilité)の中で意志的参加の行為として定義される市民権で、共通善に奉仕する市民としての政治的行動に人格を参画させる、価値ある市民権である。

実際、その生成において「人間と市民の諸権利の宣言」の十七カ条を通して、市民はさまざまな性格づけのもとに現れる。納税者としての市民、陪審員としての市民、公共の秩序と国防のため武器を取る市民、自由に表現する市民、信仰の自由を持つ市民、公務員としての市民、推定無罪とされた市民、所有者としての市民、少なくとも自分の身体の所有者としての市民。八月二十六日の宣言のテクストには近代社会を創設する少なくとも十一の市民像が、深めるべき潜在的可能性と乗り越えるべき限界をもって、描かれている。

反革命主義者たち、特に反革命の中心的思想家であるエドマンド・バークは間違っていなかった。[32] 十八世紀の王政秩序と王政秩序に由来する外交政策にとって、フランス革命は容認できるものではなかった。なぜなら、今や人間の権利が君主の政治より優位に立つからだ。新しい共同体は過去、伝統、血統主義に基づく市民権をもとに構築されるのではない。革命は、そのラテン語源 revolvere（理想の出発点に戻る）が示すような失われた自由への回帰ではない。それと反対に、革命の語に未来の創造という新しい意味が込められる。我々の現在を形づくる政治的近代への跳躍による未来の創造という意味である。[33] 今や、市民権は共同体の未来を構築しようという意志に基づいている。共に生きる、共生の哲学的価値に基づいて作られた共同体の未来。この革命には、各人がネーション（国民）を基礎づけ統合する抽象的概念を理解するための大衆の民主的教育が必要になる。究極的には、男性も女性も、富める者も貧しい者も、意思決定の空間に統合され、コミューンの、国家の領土内の集団的選択に参加できるようでなければならない。[34]

フランスのユダヤ人の例がこの法律の革命を端的に表現している。ユダヤ人は君主によって保護され容認されていたが、アンシャン・レジームの法の共同体の外に置かれていた。フランス革命は、一七八九年の九月から十一月の一連の議論と、一七九一年九月の議論を通して、ユダヤ人共同体の成員に完全な市民権を与えた。ネーション（国民）の枠の外のユダヤ人共同体の成員としてはいかなる権利も持たず、各成員があくまで個人の資格ですべての権利を有することになる。[35] これは法と権利における決定的な前進であり、ネーション形成におけるユダヤ教徒の自由と平等にとって決定的な前進である。一七九二年に革命義勇軍に進んで志願した曽祖父を思い起こすことが、マルク・ブロックの大きな誇りだった。[36] 以上を確認した上で、この普遍的市民権モデルを新しい共和国カテキズムとして実証的に提示するだけでは十分ではない。[37]

反対に、その普遍主義的野心を表明したあとで、周縁に置かれた人々を実際に統合する時に明らかになるこのモデルの困難について指摘しておかなければならない。フランス革命が近代性にもたらした正統性(légitimité)と合法性(légalité)のあいだの根本的緊張関係が問題になる。正統性とは唯一自然法によって認められているもので、合法性とは国民の代表が採択し、全員が従わなければならない法律である。ここに生き生きした政治的国家建設の課題がある。民主的共和国の空間は意見の不一致を、葛藤対立を生む限界や袋小路としてではなく、活発な議論の資源として引き受けなければならない。意見の違いを卑屈な妥協で回避するのではなく、社会的共和国を改良するために必要な建設的妥協の糧とするのである。[38]

革命によって再生した国家は誰がその成員であるかを定義する。一七九一年憲法は第二章第二条で「フランス人を父としてフランスで生まれた者はフランスの市民である」とするが、[39]この規定には性別も年齢も他のいかなる条件も記していないので、女性も未成年者も使用人も精神異常者も市民であり、市民として主権の担い手である。しかし市民全員が主権の行使に参加するわけではない。〔『第三身分とは何か』で有名な〕シーエスは、一七八九年十月に「能動市民」と「受動市民」の区別を〔憲法制定議会に〕提案するが、国民の一部を形式上の市民権から除外することを望まなかった。しかし彼は、一七八九年九月七日には次のように言っていた。「精神的能力を活用することができる人には、精神的能力が真の享受の源泉になりうるが、大部分の人々は労働する機械でしかない。しかし重労働で疲れ切った無数の無学の民にも市民としての資格と市民権を与えないわけにはいかない。諸君と同じように法を遵守しなければならないのならば、諸君と同じように法の策定にも関わるべきだ。関与は平等でなければならない。[40]」

シーエスは参加権、代表を選ぶ権利に差をつけ、事実上貧しい者を排除した。あたかも持てる資産の少ない者は国民全体の運命に責任を持つことができないというように。民主的な愛国者たち（patriotes）は、市民を能動と受動に分ける区別を維持するのは不可能だと考え、徐々に政治的市民権を拡大する道を提案する。マルセル・ダヴィッドは「クロニック・ド・パリ」〔革命初期の日刊紙〕に掲載された法律家オリー・ド・モーペルチュイの記事を引用している。「我々の兄弟で、社会の機能上の欠陥ゆえに国民を代表できない一群の人々がいる。現代のプロレタリアートである。この排除は永遠のものではなく、一時的なものである。数年もすれば、彼らも我々の傍らに席を占めるだろう」[41]。

したがって、革命の初期から、原則と現実のあいだには矛盾が存在する。革命に参加した女性たち、「市民権のない女性市民」の研究や、一七九四年の後も「自由だがプランテーションに留め置かれた」解放奴隷たちのケースが、革命思想による前進と限界の死角をなしており、革命思想を法律にすることの困難を示している。

この逆説的問題を提示するために、ジョージ・オーウェルの言葉をパラフレーズするならば、「革命においては、他の市民よりもっと市民である市民がいる」[42]。万人に平等な法体系に形式的に統合されているが実際には不平等の中に取り残されているいわゆる「下級市民」こそ、市民権の核心を可視化してくれる。反対に、市民の輪を広げて、昨日まで排除されていた人々を統合することで、市民権をその核心において再定義することができるだろうか[43]。女性だけがこうした逆境に直面し、再創造された政治の中に可視化の機会をうかがっているのではない。貧困者だけではなく、亡命貴族、耄碌老人、狂人、破産者、使用人、子供、外国人、犯罪者と多様な人々がおり、混同してはならない。それぞれが理想的市民権の反対像であり、その欠落部分によって一七九一年、一七九三年、一七九五年の立法者にとっての市民像を浮き彫りにしてくれる。

参加的市民権の再定義においては、一七九四年二月四日のデクレは奴隷制を廃止することで新しい次元を付け加え、普遍的市民権の原則を発明した。この原則は、二月五日に奴隷制は「人道に対する罪（crime de lèse-humanité）」であるという概念を導入することでさらに強化されるが、この概念は最近まで知られていなかった。[44] 議会議事録に記録されているのは、本国の議員間の短い意見交換とデクレの採択に限定されており、ミルやベレーと共にサンドマング選出の議員であるデュフェイの演説が注目されることはなかった。彼は注目に値する演説で、カリブ海の状況に無知な同僚たちに、〔奴隷制植民地に〕市民権が誕生したプロセスとそれが直ちに承認され、自己代表権の権能が生まれたことを報告している。[45] デュフェイは、奴隷への市民権付与の諸要素に力点を置いて、本国から遠く離れた植民地での混乱を説明した。一七九三年六月二十一日から二十三日のカップ・フランセでの奴隷の反乱の話や、街での白人の虐殺の光景は、反乱した黒人奴隷の優位性と彼らが作り出した力関係を物語っている。翌年二月四日に奴隷制廃止のデクレが採択され、五日にテュリオ議員が、奴隷の所有は憲法違反であるのみならず

「人道に対する罪」だと定義した。ニュルンベルク裁判に先立つこと百五十二年前である。それ以後、フランスの領土内に住むアフリカ系の市民はすべて共和国の市民になる。領土全域にこれを適用することは容易ではないが、法の前進と市民権の再定義は決定的なものであり、フランス革命の主要な法的勝利のひとつである。しかし、ナポレオンが一八〇二年五月と七月に奴隷制を復活してこの成果を破壊する。

女性の権利の特殊ケースは、十九世紀の共和主義者に残された近代性の複雑な矛盾を明らかにしている。国民公会（一七九二―一七九五年）のもとで、特に女性が制約的な法制の対象となっている。一七九三年十月三十日のデクレ・アマールで、女性がクラブを結成し、直接政治に関与することが禁じられる。しかし一七九三年五月に女性たちは「革命的女性共和主義者」クラブを結成しているから、ルールをかいくぐって現実の公共空間で組織をつくって発言し、ジェンダー的要求にとどまらぬ民主的社会運動の性格を持つ政治行動に意味を与えた。一七九五年春の大衆蜂起〔ジェルミナルの蜂起〕のスローガンは「パンと一七九三年憲法を」だったが、特に女性が弾圧の標的にされる。プレリアル（牧月）一日から八日〔五月二十日から二十七日〕までの八日間で、国民公会は、女性を公的空間から排除するデクレを四本採択する。女性が闘い、社会的大義を政治的言説につなげていた時代を終わらせようという明確な意思の表れである。プレリアル一日から、国民公会議員は、女性が議会の演壇にのぼることを禁止する。この禁止は、プレリアル四日には、「テロリスト」を追及する議会の審議にも拡張される。同じ日に、集会ではなく、今や唯一残された公道で集まることも禁止された。治安部隊は当局から五人以上の「女性の集まり」を散会させるよう命じられる。プレリアル八日には、逮捕された山岳派議員の妻たちが取り締まりの対象になる。彼女たちはパリを去り、それぞれの自治体の監視下におかれた。[46]

多くのアメリカのフェミニストが言うように、フランス革命は男性の女性に対する革命であったと結論づけるべきだろうか。そうした見方には留保をつける必要がある。フランスでは、法律が制定されたからと言って国民と国民のうちの女性たちが法に従うとは限らない。悪法に抵抗する権利は真の市民権の構成要素だからだ。女性たちは「グランド・ジュルネ」と呼ばれる革命の節目節目に、特に一七八九年十月五日と六日、少なくとも二万人の女性がヴェルサイユ行進に参加している。議会議事録のおかげで、数百人の女性が請願書に署名し、地域会議を聴講し、政治クラブに参加し、自分たちの権利を擁護するために筆を執り、祖国を守るために武器を取り、共和主義教育を求めたことが分かっている。[47] 大都市を中心に何千人もの女性が、革命の最新の産物である、性格の不一致による離婚の権利を利用している。女性が経験した離婚の七〇%のケースはそれにあたる。このことは法律と現実との乖離を示しており、歴史家は、形式的文書だけではなく、政治の当事者、特にここでは女性の当事者の実際の行動を研究せよという挑戦を受けている。市民社会の発展と新しい家族法、政治化と集会の自由のおかげで、一七九一年に南仏の街アルルに六百人の女性が参加するクラブが存在し、彼女たちは共

和制政治の近代に参画していた。(48)

五　真の民主的共和国のために

十九世紀の革命が後世に残したのは、民主主義だけでも共和政だけでもない。アメリカ・モデルともサンドマング・モデルとも異なり、民主主義と共和政をいかに結合するかが課題として残されたのである。総裁政府の下でピエール＝アントワーヌ・アントネルが一七九五年から一七九九年にかけて創案したコンセプトである「代表制民主主義（démocratie représentative）」はまだ到達しなければならない地平線である。代表制民主主義を、王政あるいは帝政のもとで存在しうる民主主義的次元と混同してはならない。王政や帝政のもとでも民主主義が存在しうるのは共和主義的要請がはたらくからだが、共和主義の要請とは、市民全員による主権の構築である。市民は集団で主権を体現するためにたえず教育されなければならない。(49)それが一七九二年の第二の革命の目的だった。

困難は、公教育と政治経済学によって、所有権を否定しないで富を系統的に分配できる社会を構築しつづけることにある。富裕層と貧困層のあいだの格差を適切なレベルに保ちつつ社会体（corps social）の現実を構築しないと、社会の基盤に亀裂が生じ、政治機構は脆弱化してしまう。ここで、全員に分有された市民権は、新自由主義的な個人主義と対立する。共通の未来のための共同体とアイデンティティへの閉じこもりとが対立するのである。しかし対抗策は、革命のもっとも明白な遺産を通してのみ実現されることを知らねばならない。すなわち、諸国民からなるヨーロッパの革命的形成が一国単位のネーションの理念に取って代わるのだ。諸国民からなるヨーロッパこそは、一七九〇年五月の対外平和宣言の原則に逆行して、自分たちこそ拡大する「偉大なネーション」を体現すると考えたフランスの将軍たちの軍事拡張に対抗して、一七九九年にネーデルラント、スイス、フランス、イタリアの愛国者たちが目指したヨーロッパだった。

革命のメッセージはその最初の方向から逸らされてしまう。軍隊が支配する共和国は市民社会に基礎を置く民主主義に背を向け、革命を革命自身と対立させ、一八三〇年、一八四八年、一八七〇年の革命が証明するように、革命を終わり得ないものにした。ナポレオンという人物は革命の失敗した最期に重大な責任を持つ。第一統領は一八〇二年に奴隷制を復活し、フランスにおけるユダヤ人の権利をコンシストワール（公認長老会）[50]で制限し、一八〇四年の民法典で女性を夫の保護下に置くなど、自由を制限する諸決定によって、革命の遺産を部分的に破壊した。

しかし、闘いの種は蒔かれ、闘いは続いた。革命の継続は、ポピュリズムとナショナリズムという危険な解決にますます惹きつけられているヨーロッパと、日本からアメリカまでの世界各地で、まさに今日的課題になっている。ポピュリズムとナショナリズムは、まさに十八世紀と十九世紀の解放の革命の否定であり、反革命の諸勢力も、たえず形を変え、進化し、近代化して、諸々の革命の遺産を批判し、覆し、破壊すべく、たえず働きかけるのをやめない。あらゆる形の宗教原理主義、さまざまな形を取る極右と外国人排斥、女性の権利の後退が、日々それを証明しており、また積極的な戦いの動因にもなっている。

日本人であろうとフランス人であろうと、独立と解放の理想に基づいた真の市民権、啓蒙のコスモポリタニズムと人権を結びつけた真の市民権を享受しようと思うならば、ロベスピエールの実に適切な問いかけを思い起こすべきではなかろうか。「諸君は革命なき革命を望んでいるのか」[51]。我々は今ここで次の問いを付け加えたいと思う。「我々は真の民主主義なき民主主義を望んでいるのか、移民やよそ者を含む完全な市民権なき市民権を望んでいるのか、貧困と戦争の被害を免れた国に住む恵まれた住人だけの市民権を望んでいるのか」。

註

(1) 以下、五つの節とタイトルは訳者による。本文中の〔 〕は訳者の補足ないし説明を示す。

(2) régime d'historicité. フランスの歴史家フランソワ・アルトークが『「歴史」の体制』(伊藤綾訳、藤原書店、二〇〇八年)で提唱した概念。ある社会が過去と現在と未来の三つの関係を分節化する歴史認識の枠組みを指し、その枠組みは時代によって、また場所によって変化する。ここではフランス革命や冷戦の終わり

など歴史の転換点で変更を迫られる歴史記述のマスターナラティヴの意味に解する。〔訳注〕

（3）ルソーは『社会契約論』第二編第十一章で、すべての法体系が究極目的とすべき「自由と平等」の関係について「平等がなければ自由は存続できない」とし、経済的平等を以下のように定義している。「富については、いかなる市民も、それで他の市民を買えるほど豊かではなく、また、いかなる人も自分の身を売らねばならないほど貧しくはないということを意味する。」〔訳注〕

（4）「圧制への抵抗権」は一七八九年の人権宣言第二条で認められているが、一七九三年のジャコバン憲法の人権宣言は、第三十三条の「圧制への抵抗権」に加え、第三十五条で「政府が人民の権利を侵害するときは、叛乱（insurrection）は、人民および人民の各部分にとって権利のもっとも神聖なものであり、かつ義務のもっとも不可欠なものである」として革命権まで認めた。〔訳注〕

（5）二〇一八年の二百二十五年前はジャコバン憲法が制定された一七九三年にあたる。〔訳注〕

（6）*The Age of Revolutions in Global Context, c. 1760-1840*, David Armitage, Sanjay Subrahmanyam (dir.), Palgrave McMillan, 2010, ou Pierre Souyri, *Moderne sans être occidental. Aux origines du Japon d'aujourd'hui*, Paris, Gallimard, 2016.

（7）Cf. Henry Heller, *The Bourgeois Revolution in France, 1789-1815*, New York, Bergham Books, 2006. 同書は高橋幸八郎の研究にアルベール・ソブールやエリック・ホブズボームと同等の重要性を付与している。

（8）Christopher Hill, *La Révolution de 1640*, Les éditions de la passion, 1993.

（9）monarchie parlementaire. 議会制民主主義に先行する議会制王政。立憲君主制にほぼ対応する。〔訳注〕

（10）トーリーとホイッグは一六六〇年の王政復古後、絶対王政とカトリックの復活を図る王権を容認するか否かで対立してできた政党。ホイッグは反王権的性格の穏健議会派で後の自由党、王党派のトーリーは後の保守党の源流になった。ホイッグ神話とは、イギリス憲政史を立憲君主制と自由の実現に向かって進む歴史展開として記述するホイッグ史観を指す。十九世紀半ばに出たトーマス・マコーリーの『イギリス史全五巻』がホイッグ史観の代表的歴史書とされる。〔訳注〕

（11）Bloody Code. イギリスで一四〇〇年から一七五〇年までにつくられた法制と刑罰体系を後年において参照する表現。有産階級の私有財産を守るため窃盗犯などの犯罪者を死刑にする厳罰主義だったため、この名がついた。〔訳注〕

(12) Edward P. Thompson, *La guerre des forêts. Luttes sociales dans l'Angleterre au XVIIIe siècle*, Paris, La Découverte, 2014. Peter Linebaugh, *Les pendus de Londres. Crime et société civile au XVIIIe siècle*, Coédition Lux/CMDE, 2018.

(13) Bernard Cottret, *La Révolution américaine. La quête du bonheur (1763-1787)*, Paris, Perrin, 2003.

(14) Pierre Serna, « Toute révolution est guerre d'indépendance », in *Pour quoi faire la Révolution*, Marseille, Agone, avec JL Chappey, B Gainot, G Mazeau et F. Régent, p. 19-49. この本は二〇一三年に韓国語訳が出ている。

(15) Zeev Sternhell, *Les anti-Lumières. Une tradition du XVIIIe siècle à la guerre froide*. Gallimard, Folio histoire, 2010. Jean-Clément Martin, *Contre-Révolution, Révolution et Nation en France, 1789-1799*, Paris, Seuil, 1999.

(16) 一六八八年、イギリス議会はカトリックのジェイムズ二世を追放し、プロテスタントだったその娘メアリーと夫のオレンジ公ウィリアムを迎える。二人は一六八九年二月「権利の宣言」を承認して共に国王となり、「権利の章典」を発布する。これによって議会政治と英国国教会を柱とするイギリスの立憲君主制が確立する。〔訳注〕

(17) Cf. Pierre Serna, «War and Republic : Dangerous Liaisons », in Pierre Serna, Antonino de Francesco and Judith Miller (dirs.), *Republics at war, 1776-1840, Revolution, conflicts, and geopolitics in Europe and the Atlantic World*, New York, Palgrave MacMilan, 2013, p 1-23.

(18) Georges Lefebvre, *Quatre-Vingt-Neuf : l'année de la Révolution* (1939, rééd. 1970, rééd. 1989 aux Éditions Sociales). 〔『一七八九年――フランス革命序論』高橋幸八郎・柴田三千雄・遅塚忠躬訳、岩波文庫〕。

(19) Michèle Grenot, *Le souci des plus pauvres. Dufourny, la Révolution française et la démocratie*, Éditions Quart-Monde, Rennes, PUR.

(20) guerre civile. 英語では civil war. ちなみに、後出のアメリカの南北戦争は英語で The Civil War と言う。

(21) Constitution civile du clergé. 一七九〇年七月に憲法制定議会が議決し、八月にルイ十六世の裁可により成立した法律で、カトリック教会を国家の管理下に置くことを定めた。聖職者を共和国の公務員にして憲法への忠誠を誓わせたため、翌年三月教皇ピウス六世がこれを弾劾する教書を発布し、宣誓を拒否する聖職者が続出した。〔訳注〕

(22) Roger Dupuy, *La politique du peuple. Racines, permanences et ambiguïté du populisme*, Paris, Albin Michel, 2002.

（23）一七九三年三月、三十万人募兵令に反発する農民たちの蜂起によって、フランス西部ヴァンデ地方を中心に広がったカトリック王党派の反乱。同年八月、国民公会が出したヴァンデ殲滅命令によって共和国軍が反撃に転じ、一七九六年七月オッシュ将軍によって鎮圧宣言が出るまで続いた。犠牲者の数は二十万から四十万人と言われる。〔訳注〕

（24）Michel Vovelle, *La révolution contre l'Eglise. De la Raison à l'Être Suprême*, Bruxelles, Complexe, 1988.

（25）アルジェリア独立戦争は一九五四年から一九六二年まで続いた。フランスはこれを「アルジェリア事変」とか「北アフリカにおける秩序維持作戦」と呼んでいたが、一九九九年十月に議会で「アルジェリア戦争」と呼ぶ法改正を行った。〔訳注〕

（26）Cf. Pierre-François Souyri, *Moderne sans être occidental. Aux origines du Japon d'aujourd'hui*, Gallimard, 2016. chapitre 4 « Que faire de l'Asie ? », p.225-276.

（27）Arno J. Mayer, *Les furies. Violence, vengeance, terreur aux temps de la Révolution française et de la Révolution russe*, Paris, Fayard, 2002.

（28）三谷博が『明治維新を考える』（二〇〇六年）六六頁で参照しているルネ・セディヨの『フランス革命の代償』（山崎耕一訳、一九九一年）は、冒頭で「死者二〇〇万人。これが、大革命と帝政期における諸戦争でフランス一国が払った代償だったようだ」としている。〔訳注〕

（29）Jacques Houdaille, « Les armées de la Révolution d'après les registres matricules », *Population*,1983, n° 38-4-5, pp. 842-849, https://www.persee.fr/doc/pop_0032-4663_1983_num_38_4_17796, et Hervé Drévillon, *Histoire des guerres françaises*, Paris, Perrin, 2018.

（30）Tadami Chizuka, « L'idée de deux corps du roi dans le procès de Louis XVI », *Annales historiques de la Révolution française*, 1997, n° 310, p. 643-650. https://www.persee.fr/doc/ahrf_0003-4436_1997_num_310_1_2081. 〔遅塚は王殺しの革命（英・仏の場合）と王殺しを伴わない革命（独・日の場合）を分け、王の身体を生身の「自然的身体」と象徴的「政治的身体」に分けるカントロヴィッチを援用して、フランス革命における国王裁判で、二つの身体の分離可能性を唱えたジロンド派に対し、サンジュストとロベスピエールは二つの身体の一体性を理由に死刑を主張した、とする。〕

（31）République universelle. プロイセンの貴族出身の革命家アナカルシス・クローツが一七九二年二月に出版した本のタイトル。クローツは一七八九年末にパリに定住し、翌年七月十四日の連盟祭に諸外国の代表団を引き連れて参加、ジャコバン派に属し、九二年九月国民公会議員に選出され「人類の代弁者（orateur du genre humain）」と称した。ロベスピエールと対立、公安委員会から「外国の手先」をして告発され、一七九四年三月に処刑された。〔訳注〕

（32）Edmund Burke, *Réflexions sur la Révolution de France*, Paris, Fayard/Pluriel, 2011, 1790 pour la première édition.〔『フランス革命の省察』半澤孝麿訳、みすず書房、一九九七年〕

（33）Jean-Marie Goulemot, *Le Règne de l'Histoire, Discours historiques et révolutions, XVIIe-XVIIIe siècles*, Paris, Albin Michel, 1996.

（34）Raymonde Monnier, *L'Espace public démocratique. Essai sur l'opinion publique à Paris de la Révolution au Directoire*, Paris, Kimé, 1994, et Myriam Revault d'Allonnes, *Le miroir et la scène. Ce que peut la représentation politique*. Paris, Seuil, 2016, chap. 5 Démocratie et représentation une rencontre improbable. p 119-145.

（35）Abbé Grégoire, « Essai sur la régénération physique, morale et politique des Juifs, 1787, et Rita Hermon-Belot, *L'abbé Grégoire, la politique et la vérité*, Paris, Seuil, 2000.〔クレルモン＝トネール伯爵が一七八九年十二月二十三日に国民議会で行った同化主義演説、「民族共同体（nation）としてのユダヤ人にはすべてを拒否し、個人としてのユダヤ人にはすべてを与えよ」は有名〕

（36）高齢にもかかわらずレジスタンスに身を投じてドイツ軍に捕縛され銃殺されたユダヤ系の高名な歴史家（一八八六－一九四四）、リュシアン・フェーヴルとともにアナール学派の始祖とされる。二宮宏之『マルク・ブロックを読む』（岩波書店、二〇〇五年）を参照。〔訳注〕

（37）カテキズムはキリスト教の教理をやさしく説明した入門書で、旧教では「公教要理」、新教では「正教要理」と訳される。フランス革命期に共和国原理を説明した政治カテキズムが出版されて以来、十九世紀を通し各種カテキズムが出版された。〔訳注〕

（38）それが一九一四年七月三十一日〔第一次世界大戦勃発の前夜〕に暗殺されたジャン・ジョレスが遺した革命的改良主義の教えではなかろうか。「ユマニテ（*L'Humanité*）」紙の創刊者は『社会主義的フランス革命史』

を著した最初の思想家だった。

(39) *Les Constitutions de la France depuis 1789*, Paris, GF, 1970, présentation par Jacques Godechot, p.37.

(40) *Archives parlementaires*, tome VIII, p 592.

(41) Marcel David, *Fraternité et Révolution française*, Paris, Aubier, 1987, p 92, cité par Michel Tropper.

(42)『動物農園』における「すべての動物は平等である。しかしある動物は他の動物よりさらに平等である」のパラフレーズ。〔訳注〕

(43) Elisabeth Cohen, *Semi-citizenship in Democratic Politics*, Cambridge University, 2009, ou Nathalie Robatel (dir.), *Le citoyen fou*, Paris, Puf, 1991. Sur la perception limite du citoyen au travers de son animalité, comme pour mieux l'exclure du cercle civil, voir Pierre Serna, *Comme des bêtes. Histoire politique de l'animal (1750-1850)*, Paris Fayard, 2017. Chap.12, 1795, l'année des tigres, p 227-254.

(44) *Archives parlementaires*, tome 84, du 9 au 25 pluviôse an II (28 janvier au 13 février 1794), Paris, CNRS, 1962, p. 268-292.

(45) Pierre Serna, « Que s'est-il dit à la Convention les 15, 16 et 17 pluviôse an II ? Ou lorsque la naissance de la citoyenneté universelle provoque l'invention du « crime de lèse-humanité », *La Révolution française* [En ligne], 7 | 2014, mis en ligne le 3 février 2015. URL : http://journals.openedition.org/lrf/1208

(46) Dominique Godineau, *Citoyennes tricoteuses, les femmes du peuple à Paris pendant la Révolution française*, Aix-en-Provence, Alinéa, 1988, p. 329-332.

(47) Caroline Fayolle, « Former la « femme nouvelle » », *La Révolution française* [En ligne], 6 | 2014, mis en ligne le 14 juillet 2014. URL : http://journals.openedition.org/lrf/1071

(48) Pierre Serna, « La seconde république d'Arles, une ville en révolution », in *Arles : histoire, territoires et cultures*, sous la direction de Jean-Maurice Rouquette, Arles, Actes Sud, 2008.

(49) Pierre Serna, *Antonelle, Aristocrate révolutionnaire*, Arles, Actes Sud, 2017 [Paris, Éditions du Félin, 1997].

(50) 一八九九年十一月のブリュメール十八日のクーデタでナポレオンは総裁政府を倒して統領政府を樹立し、自ら第一統領になる。フランス革命はここで終わったとされる。一八〇四年五月の元老院決議と十一月の

国民投票（plébiscite）によってナポレオンは共和国皇帝の地位に就き第一帝政が始まる。〔訳注〕

（51）Discours du 5 novembre 1792, *Œuvres* IX, p. 88-89. 注30の遅塚論文には前後を含め引用されている。〔訳注〕

第二章　明治維新——通説の修正から革命の世界比較へ

三谷博

一　はじめに

明治維新は十九世紀の世界で起きた最も大規模な革命の一つであった。それは世界で五—七番目の人口を持つ国で起きた事件でもあった。十九世紀の半ば、最大の人口を持つ国は清朝であり、次にムガール朝があった。その次にはロシア、フランス、ついで日本とドイツがほぼ並んでいた。(1)明治維新は、その人口大国で近世の武士を核とする世襲的身分制を解体し、さらに西洋を参照した絶え間ない改革を起動した大きな変革であった。

しかし、世界の革命史学で明治維新が注目されることはほとんどない。その最大の理由は、おそらく、二十世紀の世界を席捲した革命のモデルから維新が大幅に逸脱していたからであろう。ロシア革命以後の世界では、革命とは君主制の打倒に他ならず、その達成は意図的な暴力行使とプロパガンダによらねばならないとされていたのである。これに対し、明治維新は君主制の再生・強化によって行われた。近世には双頭・連邦の国家があったが、これを一人の君主の支配に変え、次いで三百六十余の小国家を廃して単体の国家に統合し直し、さらに統治身分の根幹をなした武士を解体したのである。[2] 世襲身分制の廃止は被差別身分にも及び、例外は皇族・旧大名・旧公家の約五百家弱に留まった。

他方、その過程で生じた犠牲者は約三万人に留まった。[3] これは、フランス革命において、内戦で約四十万、対外戦争で約百十五万、あわせて約百五十五万人の犠牲者が出たとされるのに比べると、二桁少ない数字である。[4] 二十世紀のロシア革命や中国革命と比べると、おそらくは三桁は違ったものと思われる。[5]

このような差異は、革命に対する見方を拡げるに有用と思われる。深刻な社会的歪みを正すに君主制の打倒は必須でなく、大規模な暴力行使も必然ではない。逆に、君主制を打倒しても、後にはしばしば専制体制が出現する。また、一旦解放された暴力が長年月にわたる内戦・内紛をもたらすことも少なくない。このような比較の視点に立つならば、明治維新を手掛りにすると、無血革命とまでは言わずとも、根本的な改革を大規模な犠牲や深い遺恨を遺すことなしに達成する方法を見出す可能性が開けるのではないかと思われる。

以下では、まずこの百年あまり信じられてきた維新の通説、マスターナラティヴを批判した後、筆者が考える代替解釈のあらましを紹介する。その次に、維新の特徴を手掛りに革命一般の比較に有用と思われる論点を提示し、最後に維新の性質を振り返ることにしたい。

その際、近隣の中国・朝鮮だけでなく、フランスとの比較にも注意を払いたい。[6] 維新ではフランス革命と異なって、イデオロギー上の論戦や対決が稀だった。登場した主体の多くが王政復古を承認し、反対した少数派もその戦った理由はイデオロギーの相違にあったわけではなかった。また、維新動乱の出発点で「公議」「公論」や「王政」などの象徴が生まれはしたものの、その内容と必要を理論的に説明する試みは皆無に近かった。人間行動の理解には、主体の目的を探し、行動をその実現手段として説明するのが常であるが、維新の出発点では「目的」自体が不鮮明だったのである。維新の課題は政争の中から発見され、幕末十年の長い時間の中でその共有がゆっくりと進んでいった。武力衝突が比較的少なかったことも、また新政権が誕生した後に、廃藩や脱身分化が急速に、かつ大きな抵抗もなく進んだことも、そのせいと思われる。革命の大義よりは、過程自体が決定的な役割を果たしたことが、大胆な改革をさしたる犠牲もなく実現した基礎条件だったように思われるのである。[7]

二　マスターナラティヴの変更の必要

今年は一八六八年の王政復古から百五十周年にあたる。各種の記念行事が行われているが、明治維新にとって、王政復古はどれほど重要な事件だったのだろうか。他に重要な問題はなかったのだろうか。

今日の日本で語られている明治維新の歴史には、これを肯定的に見ようと否定的に見ようと、かなり共通した物語構成がある。十九世紀のなかば、近世の権力を担っていた徳川幕府はかなり衰弱していた。そこに西洋諸国が軍事的な威嚇を用いて鎖国という基本政策を開国に変えるよう強要した。幕府が屈すると、その臆病を憤る世論が高まり、まずは「尊王攘夷」、すなわち開国を批判する天皇を押し立てて、西洋を撃退しようとする運動が高揚し、次いでそれは天皇の下に政権を移そうとする「倒幕」運動に転化した。それを主導したのは西南雄藩、とくに薩摩と長州であり、彼らは一八六八年、王政復古を実現し、これに反対する大名を軍事力で下して、天皇の下に新政府を開いた。この明治政府は、幕府だけでなく、ごく早期に大名の小国家群も廃止し、ここに天皇の下に単一の集権国家が誕生した。さらに西洋の侵略を予防するため、西洋の科学技術を導入しつつ、一路、「富国強兵」を追求していった。

このような物語は、中学校や高等学校の日本史教科書を通じて、日本の幾世代もが学んできたものである。[8] いま生きている大多数の日本人は、ここにかなり深刻な見落しやバイアスがあると指摘しても、いぶかしく思うに違いない。筆者は、しかし、ここであえてこのマスターナラティヴを批判し、これを変える必要があることを主張したい。

このような「開国」「尊攘」「倒幕」「王政復古」「廃藩置県」そして「富国強兵」「文明開化」から構成される物語は、十九世紀の末期から流布し、戦時体制下の一九四〇年前後に政府が正史として編んだ『維新史』全五巻で集大成されたものである。この書は広範な史料収集を基礎とし、個々の史実を正確に記している点で、いまなお有用である。しかしながら、その物語構成にはかなりの問題があるので、以下では、その主な点を指摘してゆきたい。[9]

まず、全体の構成であるが、編者は維新史を「王政復古」の歴史として記述すると明言し、それを実現している。維新によって起きた最も重要な変化は「王政復古」であり、その最も重要な事件は徳川幕府から明治政府への政権転換、および王土王民を実現した廃藩置県であるとする。「王政復古」は帰結として重要であるだけでなく、維新の目的としても重要であった、それを終始導いたのは「尊王攘夷」のイデオロギーであり、それを首唱し、その実現に奔走したのは水戸、長州、薩摩の「志士」たちであって、彼らは政治動乱の当初から重要な役割を演じたと認定している。それは英雄物語としても構成された。尊攘の志士は当初、幕府の「安政の大獄」で弾圧され、悲運を見る者もあったが、その仲間は天皇の下に結集して勢力を挽回し、やがて「倒幕」を実現した。つまり、尊攘を奉ずる志士たちの苦難と犠牲、その後の勝利と栄光という物語を述べているのである。

しかしながら、この物語には幾つか無理がある。維新の政治的動乱が始ったのは一八五八年のことであり、その争点となったのは将軍の後継者選定と西洋諸国との条約の可否の問題であったが、いずれについても長州は関与していない。[10] 大老の暗殺後になって初めて長州は中央政界に進出したが、その主張は天皇を開国論に変えることであった。[11] 攘夷とは正反対を主張したのである。
逆に、当時、最大の争点であった将軍継嗣問題の背後には壮大な改革構想があった。徳川一門で四番目の地位をもつ越前福井藩の橋本左内は、主君から一橋慶喜擁立の運動を託される中、徳川の政権中枢を中小大名に代えて大大名、とくに対西洋対策の経験に富む人物で構成し、その下で働く官僚に徳川の家臣だけでなく、大名の家臣や庶民を任用しようと構想した。[12] 双頭・連邦国家の大枠は維持しながら、日本の中央政府を強化し、その統合性を高めようと提唱し、その結果、近世日本を支配してきた世襲身分制を骨抜きにするはずの道筋を工夫したのである。この構想は一橋擁立の失敗とともに消えてしまった。しかし、その十年後、明治政府創立直後に制定された「政体」はこれを実現し、新政府の高官には大名家臣や庶民が次々に登用されてゆくことになる。[13]
『維新史』は、一橋擁立運動を記述するものの、この政体改革構想は無視している。また、当時、この運動を担ったのは徳川親藩の越前と外様国持の薩摩を核とする大大名の連合体であり、彼らは中小大名が独占してきた幕閣に割り込もうと図った。決して徳川幕府を打倒しようとしたわけでも、外様大名が中心だったわけでもない。一橋擁立を図った大大名は西洋が招来した危機を日本がしのぐには挙国一致体制を創らねばならないとし、その第一歩として一橋擁立を考えたのである。かつ、彼らはこれを「天下の公論」として正当化し、幕府外からの政治的発言の禁止というタブーも破った。『維新史』は、安政五年の政界の中心にあった挙国一致や政権参加や「公論」や脱身分化という主題を無視している。その反面で、水戸に始まる尊攘運動を主役に選び、彼らの反幕府運動と弾圧・報復の応酬という二極対立の図式で政局の変転を描いたのである。本来この政変に無関係でありながら処刑の憂き目にあった吉田松陰をクローズアップしたのもそのためである。[14]この操作により長州は水戸・薩摩と並んで、最初から幕末動乱を主導した主体として描かれることになった。

次に、この十年後に起きた王政復古の理解である。『維新史』は、その政治過程を薩長連合の「討幕派」と土佐による「公議政体派」の運動の競合として描き、王政復古のクーデタと鳥羽伏見の戦いとによって前者が政局を主導することになった、かつ新政府は「佐幕派」の会津を主敵とする東北戦争を経て政治基盤を確保したと解している。[15]

しかしながら、事実はそれほど単純ではない。王政復古クーデタに当たって御所の門を固めた五大名のなかに長州はおらず、参加大名のうち徳川排除を決意していたのは薩摩だけであった。他は徳川慶喜の擁護に努めていた外様の土佐、親藩の越前・尾張、そして中立を決め込んでいた安芸であった。その結果、年末には大坂に退いていた前将軍徳川慶喜を政権中枢の議定として迎えることが決定した。つまり、徳川権力の打倒は王政復古によっては決まらなかったのである。

これは、幕末最後の年の政治を「討幕」と「佐幕」という二極対立では理解できないことを示している。当時、最も精力的に行動した薩摩も、長州との提携による武力挙兵と同時に、土佐と提携して徳川の自発的な政権奉還を誘う道も探っており、鳥羽伏見戦争の直前までは後者を追求したのである。他方、徳川慶喜の側が初めて政権奉還を構想したのはこの一年前のことであった。長州戦争に敗退した後、彼は徳川への求心力を回復するため、冷遇していた越前とよりを戻し、天皇の直下に徳川中心の大大名連合国家、「公議政体」を作ることを構想した。これは孝明天皇の反対で潰れ、慶喜は一旦は徳川政権の強化策を追求することになった。しかし、越前・薩摩・宇和島・土佐が長州の赦免を要求し、彼がこれを斥けたとき、薩摩は武力動員を決意し、それを宣伝し始めた。これに対し、慶喜は再び天皇の下での公議政体の樹立に踏み込んだ。この転換にはそれまで公議政体論に冷淡だった土佐がその主唱者に変貌し、彼の説得に努めたことが大きい。このように、幕末最後の年には、会津を除く主要なアクターの間で、王政復古への合意が成立したのである。争点は、天皇の新政府の中で徳川がどのような地位を占めるかに絞られた。『維新史』のように、「討幕派」の薩長連合が政局を主導したという解釈は、ようやく鳥羽伏見の戦いの後になって妥当するに過ぎない。

その後、西日本と中部日本の大名は直ちに新政府の支持を表明した。もし新政府が薩長の政府と理解されたなら、それは不可能だったろう。幕府の崩壊と新政府の樹立に伴う内乱は東北のみに限定され、したがって死者は約一万四千に留まった。[16]『維新史』は時々の政局や戦争の経緯を記述するに追われ、かつ二極対立図式に囚われた結果、内乱がミニマムに抑えられたという大局を見落としたのである。

第三に、『維新史』は維新最大の変革であった脱身分化、および戊辰内乱の結果として生じた中央政府に対する地方軍隊の脅威を見落としている。これは直接には、王政復古三年半後に行われた廃藩置県で筆を収めたからであろう。同書が依拠した史料は各大名家が持っていた史料であり、廃藩はそれらの作製に止めをさした。かつ、編集の当時、中央政府の史料のほとんどは未公開だった。それが致し方ない事情であったことはよく分かる。

問題は『維新史』以後の歴史家にある。第二次世界大戦後、彼らは史料が公開されたのを利して明治初年の研究を積み重ねてきた。しかし、上記のうち脱身分化、とくに武士の解体については、落合弘樹氏の『秩禄処分』（初版一九九九年）以外にまとまった研究がない。人口の六％を占めた武士の約三分の二が官職を失い、さらに全員がその世襲する家禄を低額の国債と引き換えに奪われた。これは世界史上稀に見る大規模な階級変動の一つであるが、軽視ないし無視されてきたのである。これは、一つには、戦後史学界を主導したマルクス主義歴史学が、革命で打倒された側に無関心だったことによるのではないだろうか。マルクス主義史家のうち講座派は維新を絶対主義化と規定し、そこに階級変動をみなかった。[17] 革命主体たるべき百姓・町人に武家権力打倒のプログラムは見つからず、その上層が武家内部の改革派と結託して、絶対主義権力を作ったと理解している。しかし、「公論」を標榜して成立し、のちに立憲政体を実現した明治政府を絶対主義と理解するのは無理である。逆に、貴族の中核部分が、皇族・公家・大名あわせて約五百家弱をのぞき、すべて解体されてしまったことは確かな事実である。貴族の一斉解体は革命の理解に当たって注目すべき現象に違いなく、その際に生じた犠牲者が約三万人であった事実は、「嘘のような真実」である。歴史家たちがこの基本的事実を無視して来たのは未だに理解しがたい謎という他はない。

三　明治維新の政治過程

では、今日、明治維新はどのように叙述するのが適切なのだろうか。本章の最終目標はこれを世界の近代諸革命と比較可能にするため、いくつかの論点を抽出することにあるが、それに先だって、まず維新による政治・社会の構造変化を概観し、次いでそれがいかにして生じたのかを、『維新史』とは異なった観点から概観しよう。

維新による構造変動

明治維新は、十七世紀末以来二百年近くにわたって安定していた日本の政治・社会構造を大きく変革した。統治身分の武士をなくし、被差別民を原則上は廃止した点から見て、世界の近代に生じたもっとも大規模な革命の一つであったと言える。「革命」は、比較的に短期の間に起きる大規模な社会的権利の再編成と定義できる。それを鮮明に把握するには、革命前と後の二時点を取り上げ、その政治・社会構造を比べてみるとよい。ここでは、維新の発端をな

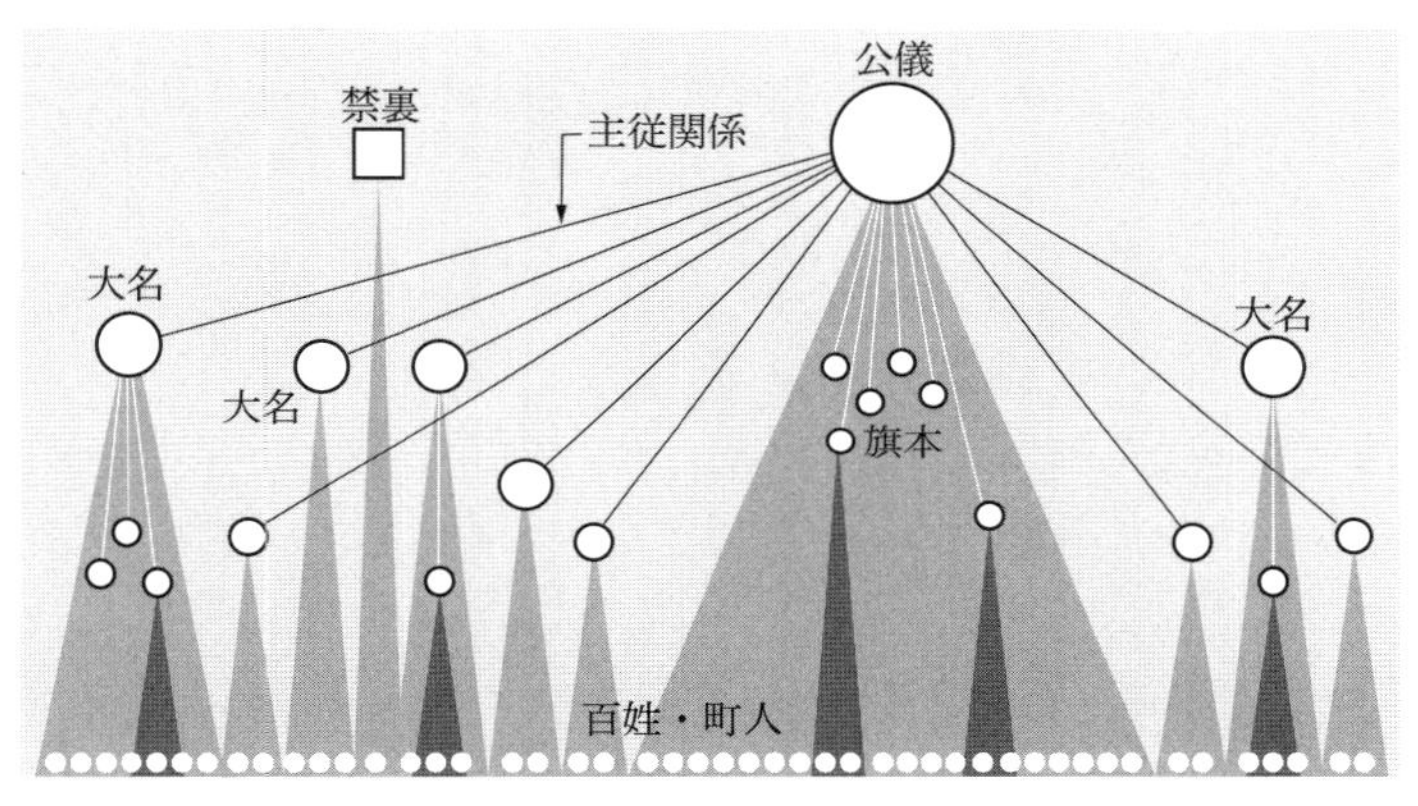

図1　双頭の連邦国家モデル

したペリー来航の一八五三年と国会が開設された一八九〇年を比べる。[18]

まず政治体制である。近世日本には図1のような「双頭・連邦」の国家があった。国の頂上に、江戸に本拠を構える徳川氏の「公儀」と京都の「禁裏」の二つの政府がある一方、国の基礎単位は二百数十の大名の「国家」であった。国家の頂上に二人の君主とその政府が併立することは世界史に珍しい。管見の限り、十八世紀後半のベトナムに見られるだけで、それも短期間に一つの王権に収斂した。鎌倉時代以来、七百年以上も二王権が併立したこと、かつそれらの関係が概ね安定していたことは珍しい事実である。

江戸時代の政治体制は「幕藩体制」と呼ばれるのが戦後の慣例であるが、適切ではない。字を見れば分かるように、ここには京都の王権がなく、これではいつまで経っても王政復古が起きるはずがない。江戸時代の朝廷の研究者の中には、「朝幕藩体制」と呼ぶ人があるが、これも適切ではない。朝廷は幕府に官位を下していたが、幕府は朝廷に法度を下し、違反した場合には公家を処罰した。両者の関係は上下に一列に並べられるものではなかったのである。

他方、近世の政体の骨格は約二百六十の大名が個別に江戸の「公方」と主従関係を結ぶことによってできていた。各大名は徴税と裁判をほぼ独占する小国家であったから、その集合体は比較史上は連邦国家と呼ぶのが適切だろう。十九世紀後半の世界には、アメリカ合衆国やドイツ帝国のように連邦国家が少なくなかった。しかし、前者は当時三十余、後者は二十六の政治単位からなっていたから、二百を越える単位からなる近世日本はこれまた例外的な存在であった。ただし、実際に独立して行動できたのは大大名二十七個ほどである。[19]

このような「双頭・連邦」国家が、一八六八年の王政復古と一八七一年の廃藩置県によって「単頭・単一」の国家に激変した。この国家は、一八七七年に最後の大反乱、西南内乱をしのいだ後、民間に興隆した自由民権運動の圧力を受けて、一八九〇年には国会を開く一方、その直前には文官の試験任用の制度を設けた。幕末に現れた「公議」「公論」＝政権参加の要求にこたえる制度をこうして国家の中に具現したのである。

他方、同じ期間に脱身分化も生じた。近世日本は政府も社会も世襲的な身分によって構成され、人々は生まれ落ちた家が所属する身分の中で一生を送った。維新はこの世襲身分制を廃止したのである。明治維新を革命の一つに数える根拠はここにある。

脱身分化の方針は新政府が発足約五カ月後に制定した最初の国家基本法「政体」に明記されている。その第三条は九等からなる官のうち、一等官には「親王・公卿・諸侯」でないと任命しないが、二等官までは「藩士・庶人」も任用できると定めた。明治政府で政策決定を実際に担ったのは二等官以下であり、西南内乱までに高等官の二十%が庶民出身になっていた。[20] 脱身分化はまず政府の内部から始まったのである。

廃藩後にはこれが社会一般に拡張適用された。直後には、穢多・非人の称を廃し、平民に統合すべきことが発令されているが、他方では、統治身分の核をなした武士身分の解体も進められ、明治九年にはその世襲する家禄は減額の上で公債に置き換えられ、帯刀の権利も奪われた。これまた容易にはできないことであり、西南内乱の背景がここにあったのは疑いない。その結果、日本列島に生まれ育った人々は、男性に限ってではあるが、対等の権利を持つようになった。例外は、皇族・華族（旧大名・旧公家）約五百家弱である。王政復古である以上、皇族や旧公家が優遇されたのは分かるが、旧大名も厚遇されている。それは新政府を構成した旧武士が主君の政治的権利をやましい思いなしに奪うため不可避の代償だったように思われる。

脱身分化は同時に人々の権利と責任を共同体から個人に移し替えた。近世では、年貢は村単位で納入したから、故あって年貢が払えない家が出た場合は、村がそれを肩代わりしていた。しかし、地租改正によって土地の所有者が確定したのちは、課税が個人に対して行われたため、そうした保証はなくなった。他方、一八八二年に施行された刑法では近世までは当然であった身分による刑罰の差別が廃された。日本人は一律の基準により個人単位で裁かれるようになったのである。

明治維新による変革はこれら以外にも一連の自由化、規制撤廃をもたらした。旅行・居住地選択・職業選択・婚姻の自由化などがそれである。初期の明治政府は社会的束縛からの解放を連発し、それはやがて、対等な個人からなる政治共同体としての「国民」（憲法上は天皇の下での「臣民」）を形成する基盤となった。

明治維新の政治過程

次に、徳川体制が崩壊し、明治体制が一応の安定を見るまでの政治過程を概観しよう。明治維新の理解には過程を辿ることがとくに重要である。明治維新では、他の諸革命と比べて、イデオロギーの果たす役割が小さく、その改革課題も政治的な試行錯誤の中で発見、共有されていったからである。

近世の政治体制が崩壊を始めたのは一八五八年のことで、その十年後に天皇の下に新たな政府が組織され、さらにまた十年後の一八七七年には最後の内乱が終わった。維新の政治動乱は約二十年間を要したのである。

1　発端——グローバル化の受容と技術的対応（一八五三―一八五八）

維新の下地は一八五三年に米使ペリーが日本に開国を要求したことで作られた。その後五年間は政治的安定が続いたが、一八五八年、大規模な政変が起き、近世の政治体制は大崩壊を始めることになった。

もしアメリカ等から開国使節が来なかったなら、維新の動乱も大改革も、少なくとも十九世紀半ば過ぎには起きなかったであろう。[21] 時の幕府首脳は、西洋諸国との国交や通商は回避しながら、下田・箱館などを外国船に開港し、西洋との紛争を回避する措置を採った。同時に、西洋諸国との交際に備えて、軍備の再建と洋学の導入を図った。近世の長い平和の中で日本の軍備は警察力以上のものではなくなっていたが、西洋との危機を機会に江戸内海に砲台を新設し、オランダの援助を得て洋式の海軍を創った。[22] 江戸に講武所、長崎に海軍操練所などの学校を設け、これに着手したのである。他方、江戸には蕃書調所を置き、外交文書の翻訳者の養成を始めた。そこでは、オランダ語に加えて、英語・仏語・独語などの教育、やがて文理両面にわたる西洋学の研究も始まっている。これらの洋学校の教員と学生には、幕臣だけでなく、大名家臣も動員され、全国に新知識を普及することが図られた。これらの措置は政治過程に直ちに影響したわけではない。それは同時代中国の洋務運動と同様であった。しかし、こうして養成された洋学人材は長期的には大きな影響を持った。維新の結果誕生した明治政府は、西洋化のために彼らを十二分に活用することになるのである。

一方、アメリカ使節の到来から五年の間、国内の政治は平穏であった。当時の幕府は、改革の努力の傍ら、水戸や薩摩などの有力大名や京都朝廷を懐柔することに努め、表面上は国内の支持を得ていた。しかし、その裏面では、長期間の泰平とともにあった鎖国体制が破られたことへの当惑や不安、とくに武力で開国を強制されたことへの屈辱の意識が蔓延した。幕府は条約の締結に先だって諸大名に意見を諮問したが、この措置はそれまで国政に沈黙を強いられていた武士身分に発言の機会を与えた。危機意識と政治参加への野望が喚起され、それが政治動乱を用意したのである。

2 政治秩序の崩壊（一八五八―一八六三）

将軍家が一八五八年にアメリカと二番目の条約を結び、蘭・露・英・仏と同様の条約関係に入って、鎖国体制からの最終的な離脱を図ったとき、近世の政治体制は大崩壊の嵐に巻き込まれた。以後、一八六三年まで、日本の政界には従来は発言権のなかった朝廷・大名・志士などが参入し、対立が対立を呼んで、予測不可能な歴史が展開することになった。

一八五八年、幕府が慣例を破って天皇に条約の勅許を求めると、天皇はこれを拒んだ。同時に、江戸で決めるはずの将軍の後継者問題が京都に持ち込まれ、条約問題と絡んでしまった。その結果、将軍家と朝廷、将軍家と大大名、将軍家と志士の間に厳しい政治対立が生じ、これらが連鎖して、日本の政界は不信と憎悪が渦巻く悪循環に陥ったのである。[23]

この政変の最中に二つの政治目標が出現した。一つは「公議」「公論」、もう一つは「王政復古」である。前者は、徳川家門の越前と外様国持の薩摩を中心とした大大名の主張であり、「天下の公論」の名の下に従来は発言が許されなかった将軍家の継嗣決定に介入した。その背後には、大規模な政治改革の構想があった。煩をいとわず再説すると、一つは幕閣への大大名の起用である。従来、徳川の老中は、将軍の権威を維持するため、中小規模の大名しか任用されなかった。大規模な所領と軍隊を持つ大大名は、外様大名だけでなく、徳川親藩も幕閣から排除されていたのである。大大名のうち薩摩のように西洋への海防を心がけてきた者たちは、開国という対外関係の根本変革にあたり、自ら国政に関与することを願い始めた。他方、この改革案では、将軍家の官僚に大名の家臣や庶民を登用することも盛り込まれていた。近世の官職任用は世襲身分に応じて行われていたが、ここでは、生まれた地域も身分も問わず、日本全国から有能な人材を登用することが提案されたのである。双頭・連邦制という大枠は維持しながら、実質的に世襲身分制を解体する提案がなされたのである。

ただし、この制度改革は、将軍継嗣の擁立が失敗した結果、闇に葬られ、その実現は明治政府が創立後に制定した「政体」を待たねばならなかった。しかし、この政変の過程では、長年のタブーであった政府外の人士による政治議論、「公論」の可能性が開けた。そして、一八六〇年に大老が暗殺されると、大大名、中下級武士、庶民が公然たる政治運動を始めた。その中では、京都に集まった牢人や下級武士による「尊王攘夷」の運動が次第に優勢になり、その果ては、攘夷論に国是を定めた長州藩を中心に、幕府の打倒が計画されるに至った。

3　秩序再建の試みと武力衝突の発生（一八六三―一八六七）

しかし、一八六三年、宮廷クーデタによって尊攘急進派は京都から追放され、その後、薩摩・越前は徳川慶喜と提携して、秩序の回復を図った。その案は、天皇の下、徳川を中心に有力大名が構成する「公議」政体を実現する一方、天皇に対しては開国の容認を促そうというものであった。しかし、幕閣は大大名の政権参入を斥けるため、会津と手を組み、攘夷に拘る天皇にすでに開港していた横浜の鎖港を約束して味方につけた。この時、徳川慶喜は薩摩・越前と手を切り、新たな体制の中心に立つことになった。

一八六四年、体制崩壊の始まった六年後、天皇と将軍家は和解し、相対的に安定した体制が生まれた。この「公武合体」の体制は、しかし、外部に有力な敵を持ち、不安定であった。尊攘を掲げる水戸と長州は相次いで武力反乱を起こした。水戸では攘夷派が百姓とともに反乱を起こし、八百名あまりが京都に向かった。また、その鎮圧直後には、長州が京都を奪回し、全国を攘夷戦争に引き込むために、大軍を京都に送り、御所にまで攻め込んだ。これは、会津や薩摩によって撃退され、長州は朝敵に指名されて、討伐を受けることになった。

他方、長州からの京都防衛に手を貸した薩摩や越前は依然、機会あるごとに朝廷に「公議」政体を創ろうと働きかけた。長州が謝罪したとき、その最終処分を有力大名の会議にかけようと提案したり、西洋の連合艦隊が兵庫沖に現れて条約勅許を強要したとき、その可否をやはり大名会議にかけよと主張したのである。いずれも徳川慶喜や会津によって退けられた。しかし、一八六六年、将軍家は有力大名の反対を押して「朝敵」長州の征討に踏み切り、失敗した。徳川の権威は決定的に下落し、政治秩序を回復するには天皇の下に新政府を組織する以外にないとの観測が世に広まっていった。

敗北の最中、徳川慶喜が病死した将軍の後を継いだが、彼は大名の支持を再確保するため、以前は斥けた「公議」政体への移行を考え始めた。この動きは一旦孝明天皇によって斥けられた。しかし、天皇が亡くなると、三度目の可能性が開けた。徳川慶喜は徳川の組織的・軍事的・財政的強化に努め、それを背景に薩摩・越前ら公議派大名による政権参加や長州赦免の要求を退けた。すると、薩摩はあえて長州と組んで武力決起への構えを明示し、これを見た慶喜は、土佐の進言を受け入れて、天皇へ政権を譲渡し、その下に大大名と公家による公議政体を建てて、これを主宰することに決めたのである。

4 徳川排除・東北戦争・急進改革（一八六八―一八七七）

こうして「王政復古」が実現間近となったのであるが、そこには二つの路線があった。徳川慶喜と幕閣は徳川が主宰する新政府を想定し、これを外様の土佐をはじめ、越前・尾張などの徳川親藩が支持した。これに対し、薩摩や長州はまず徳川を排除し、それによって廃藩を始めとする大規模な改革への道を開こうと狙っていた。幕末十年の政争の中で、「公議」理念が普及し、議事政体による政権参加が広く支持を集めるようになった。それだけではない。薩摩や長州の指導者は、次の政治課題、廃藩と脱身分化までを展望するようになっていたのである。

一八六八年一月三日に王政復古のクーデタが行われたが、これに参加したのは、薩摩以外は徳川親藩の尾張・越前、徳川びいきの土佐、中間派の安芸で、長州は不在だった。その結果、新政府は一旦徳川慶喜を迎え入れることを決めた。ところが、大坂にいた徳川慶喜の臣下や会津、江戸から駆けつけた旗本たちは、クーデタや江戸での薩摩の挙動に激昂し、武力で京都の政権を打倒しようと図った。薩摩は、直前に入京を許されていた長州とともにこれを迎え撃ち、打ち破った。その知らせを聞いた徳川慶喜は江戸に逃亡して戦いは終わった。

この京都南郊の戦争は、新政府における薩摩と長州の主導権をもたらした。しかし、二百六十余の大名の連邦だった日本では、この新政府が成功するか否かは他の大名の支持如何にかかっていた。西日本の大名は徳川恩顧の大名を含めて直ちに支持し、中部と関東の大名もこれにならった。徳川慶喜自身は反抗を避け、江戸を開城した。しかし、東北の大名は新政府を薩摩・長州が私物化したものと見なし、会津に与して反抗した。この東北戦争は半年で終わり、蝦夷地に赴いて反抗した者も翌年初夏に降伏した。日本全体として見ると、戦場となった地域は稀だったが、東北の戦争は激烈で、双方で約一万四千人の死者を出している。政府は戦後、反抗した大名を一旦改易した後、大幅な減石の上、再興を認めた。(24)

新政府は全国から身分を問わず人材の動員を図り、最初の国家構成法「政体」(一八六八年六月)に書き込んで、実行した。官僚の需要が急増すると、有能な人材を出身を問わずにリクルートしてこれを満たし、同時に各藩から代表を「公議所」に集めて政策を諮問した。うち最も重要だった案件は廃藩の可否である。公議人たちの多数意見は、廃藩は否定するものの、中央政府による漸進的な集権は支持するというもので、これを背景として、政府は一八六九年七月、世襲の領主だった大名の地位を政府の任命による地方官に変え、次いでその家産と地方政府の財産とを分離した(版籍奉還)。その二年後、さらに大名の地方政府を廃止し、自らの官僚を派遣して直接統治することにした(廃藩置県)。ここに近世の統治体制は解体され、東京による中央集権の体制ができたのである。

廃藩に続いて武士身分の解体が行われた。廃藩は武士全員を解雇する措置でもあって、うち再雇用されたのは三分の一に過ぎなかった。武士の大多数は職務なしにただ世禄を食む存在となったのである。中央政府はこの世禄を地方政府に代わって支払う立場になった。また、地方政府が内乱動員によって背負い込んだ巨額の借金や私的に発行した紙幣も引き継いだ。これらは、日本のインフラストラクチャーを西洋技術の導入によって整備し、経済的発展を目指そうとする政府にとっては大きな障害であった。政府は紙幣の回収・償却や借財の支払いを断行し、さらに一八七六年には武士の世禄の解消にも踏み切った。年々の家禄支給を打ち切り、代わりに国債を与えて、いずれ償還することとしたのである(家禄処分)。

こうして、人口の約六％に上った武士身分は解体された。近世の統治身分は、皇族、および元の公家と大名からなる華族、合わせて五百家たらずを除き、いなくなったのである。その一方、廃藩の直後には、被差別身分だった穢多・非人も廃止され、平民に統合された。旧武士は称号以外は平民と同等の権利を持つ身分となり、華族もやがて平民と同じ刑法・民法に服することとされた。すなわち、日本列島に生まれ育った人々は、琉球と蝦夷地を除き、かつ男女の差別は維持されたものの、ほぼ同等の権利を持つ存在に変えられたのである。のち、彼らは「国民」と称されるようになる。(25)

5　西南内乱——「公議」の暴力との訣別（一八七七）

明治日本の基本課題は、西洋列強のグローバルな勢力拡張の中で、日本の存続を図ることであった。政府はそのために権力編成の変革だけでなく、経済の発展、およびそれに必須とみた西洋の科学技術の導入に全力を注いだ。(26) しかし、その一方で、権力問題は依然、重要であった。一八六八年の内乱で勝利を収めた薩摩・土佐などの軍隊が東京政府の乗っ取りを狙い始めたからである。戦に負けた東北はもはや反乱を企てなかった。逆に勝者の側や無傷の大藩の中には冷遇されたとの不満を募らせ、天下再乱を期待して軍備拡張を急ぐものが現れた。彼らの暴発を回避するため、政府は一八七一年、薩摩・長州・土佐の軍隊の主力を東京に集中して、天皇直属の近衛兵とし、さらに廃藩を行って帰るべき場所をなくした。しかしながら、二年後に征韓の可否をめぐって政変が起きると、これに敗れた征韓論者、薩摩の西郷隆盛と土佐の板垣退助が地元に帰り、その配下にあった近衛兵もこれに続いた。西南の軍隊と東京との間に睨み合いが始ったのである。

一八七七年、薩摩が反乱に立ち上がった。政府は九州に兵を送ってその東上を九州中部で阻止したが、戦乱は半年以上に及んで、薩摩軍の敗北で終わった。[27] この間、双方を合わせて約一万千五百人の死者が出ている。当時、土佐の板垣は薩摩に呼応して立ち上がる準備をしていたが、攻防が膠着すると武力反乱を断念し、もっぱら言論によって政府に対抗する方針に転じた。こうして、一八五八年以来の政治動乱は二十年間で終わり、以後は平和の下に、かつ西洋の立憲制を参照しつつ政治抗争が展開する時代が訪れたのである。

6　立憲君主制への移行（一八七七―一八九〇―一九〇〇）

西南内乱後の日本では、教育の普及や経済の建設が加速され、さらに、幕末以来の「公議」=政権参加の運動が新たに庶民の上層を巻き込みつつ展開して、一八九〇年には立憲君主制として制度化されることとなった。

幕末に越前や薩摩が始めた「公議」「公論」の運動はもっぱら国内の必要から生じたものであった。これに対し、徳川公儀に雇われた洋学者の中には、西洋を研究して立憲政体の導入を主張する者が現れた。[28] 加藤弘之は一八六一年、「隣草」を著し、清朝における国勢の挽回、西洋に対する挙国一致の実現方法に託して「上下分権の制」の導入を述べた。大名が西洋の議会を意識するようになったのはその数年後である。大大名による議会の創立は政治動乱の当初から提唱されていたが、その構想に藩士や庶民の参加が組み込まれたのは幕末最後の年であった。

明治政府の創立に伴って官僚人事の脱身分化や廃藩による中央集権化が行われたが、これらは幕末の政争の中で発見された課題に基づくもので、西洋の参照が果たした役割はごく限定的であった。[29] これに対し、「公議」の制度化に当たっては西洋の参照が決定的な役割を果たした。加藤弘之は明治初期に『立憲政体略』・『真政大意』等を公刊して「君民同治」体制の優越性を鼓吹した。一八七二年には、スイスの国法学者ヨハン・ブルンチュリの『一般国法学』の一部を翻訳し、天皇に進講している。[30] 他方、政府左院の議官宮島誠一郎は同年「立国憲議」を立案し、中央官僚による上院と地方官による下院を組み合わせた二院制議会の創立について左院の合意を取り付けた。宮島は東北戦争で朝敵とされた米沢の出身で、その背後には議会により薩・長の権力を牽制する意図があったものと思われる。岩倉使節団の大久保利通らが、米欧現地の実見に基づいて「君民共治」の必要を認識して帰国したことも、この動きを加速した。

初期の立憲制導入論は政府の内部で考案されたものであった。しかし、征韓論政変の直後、それは民間にも拡散した。一八七四年、政変に敗れて下野した板垣退助ら元参議が左院に「民撰議院」の設立を建白したが、左院はこれを英国人の経営する御用新聞『日新真事誌』に掲載させた。[31] 当時発行が始まったばかりの諸新聞はこれを機に民撰議院の可否ないし遅速について論争を始め、これを通じて民間に立憲制への関心が一気に拡がったのである。このため、一八七五年、政府は将来における立憲政体の導入を公約し、上下院の母体となるべき元老院と地方官会議を設置し、前者では世界の憲法の調査を始めた。庶民の上層は立憲制の提唱、さらに武士の解体を目撃して、自らが国会の開設を通じて国政の主体となる可能性に目覚めることとなった。

西南内乱が終結した一年後、土佐の主導の下、大阪で民権結社の全国組織として愛国社が再興された。[32] 各地に運動員を派遣した後、翌々一八八〇年には第四回大会を開き、各地の民権結社八十余、約八万七千人の総代百余名が集結して「国会期成同盟」を結成した。この組織は新聞の助けも得て地方に宣伝活動を行い、地方から総代を東京に送り、「国会開設」の請願を繰り返した。政府はこの請願を却下し続けたが、その一方では首脳たちが立憲制導入に関する意見集約を行った。その際、急進論を採る大隈重信と漸進論の伊藤博文らの間に意見対立が発生し、それはさらに北海道開拓使の事業の民間払下げをめぐる争いとも絡むことになった。政府はジャーナリズムの一斉非難にさらされ、この隘路を打開するため、一八八一年、政府は払下げを中止し、大隈を政府から追放する一方で、十年後の国会開設を世に公約した。民間では板垣らが自由党、大隈らが立憲改進党を結成して、準備運動を始めた。政府はこれらの抑制・弾圧に努める一方、伊藤を憲法調査のため欧州に送り、国会開会が近づくと中央・地方の官制を再編成した。文官の試験任用制や政府の腐敗を除去するために会計検査院を設けたのもその一環であった。

一八九〇年、帝国議会が開会した。(33)前年に公布された憲法は二院制議会を置き、予算と法律の制定に両院の議決を条件とした。上院は官僚や華族、多額納税者らが構成したが、下院は民間からの公選によって組織され、ここに日本では代議制による重要事項の決定が制度化されたのである。国会開設後、下院で民党と政府党とが激しくせめぎ合ったが、何度選挙をやっても従来の運動によって地方名望家の支持を確保していた民党は頑強に勢力を維持した。政府事業の拡大や海軍の拡張を緊急課題とするようになっていた政府は下院の同意を取り付ける必要に迫られ、妥協への道を探ることになった。そのため、日清戦争の後には、政府を追放され、民党の領袖となっていた大隈重信と板垣退助が連合して政党内閣を組織した。国会開設の八年後である。政府は当初、政党の意義に疑いを持っていたが、その二年後の一九〇〇年には、長州出身の中心人物伊藤博文が民党の多数派とともに大政党を組織し、これを基盤に政党内閣を組織した。その後、日露戦争の後には官僚と政党の内閣が交互に政権を担当することが慣例化している。以後も政治抗争は続いたが、この大枠は維持され、幕末に生まれた「公議」「公論」は立憲君主制として定着したのである。

以上の立憲制の導入過程は平和裏の妥協を特徴とした。権力の在処をめぐる政争は激しかったが、暴力が手段とされることはなかった。政府の側の忍耐はとくに注目すべきである。[34] 革命政権においてはしばしば政府の分裂が起きる。その時、政府側は追放した政治家に刺客を送ることが少なくないが、明治政府は逆に彼らを迎え入れ、内閣を組織することも許したのである。利害対立はあっても、イデオロギーや基本政策に相違が乏しかったことが、それに寄与していたのだろう。

東アジア国際秩序の変化

明治維新が変えたのは国内の体制だけではない。東アジアの国際秩序にも大きな変化を及ぼした。以下ではそれを瞥見しておく。[35]

1　近世の東アジア国際秩序

近世の東アジアは、北方に中国・朝鮮・日本・琉球などの国家、内陸にモンゴル諸部があり、南方にはベトナム・タイ、その他の国々があった。これらは交易ではすべて繋がっていたが、国家間の関係は一様ではなかった。東北の国々が農業国家で厳格に国境を管理していたのに対し、東南の国々は商業を重視し、国境管理は緩かった。このため、中国南部から東南アジアに多くの華人が移住したのに対し、朝鮮と日本には入国できず、その結果、この二国は文化的に強い均質性を持つに至った。[36]

東アジアの国家間関係は同時代のヨーロッパと比べるとかなり希薄であり、そのために長期にわたって平和が維持された。その中心には古代以来、中国の王朝があり、これが周辺の国々の多くと朝貢と冊封の関係を結んでいた。朝貢は周辺国の首長が中国の皇帝に貢物を捧げつつ臣従の礼をとることであり、冊封は皇帝が周辺国の首長を国王として認知することであった。周辺国の朝貢は見返りの交易利益を期待してのことであって、冊封まで受けるのは朝鮮・琉球・ベトナム以外には稀だった。周辺国の中には日本のように朝貢関係に入らず、小規模の互市に留めるものがあり、中国との茶貿易に熱心だった西洋の諸国も同様であった。[37]

近世日本の国際関係は極めて限定的であった。[38] 朝鮮・琉球と国交・通商を持ち、中国・オランダと通商を行い、北方で蝦夷・カラフト（サハリン）・千島（クリル諸島）に住む少数民族と僅かな関係を持つだけであった。十九世紀前半の日本は、西洋諸国の北太平洋再登場を予感しつつ、この状態を「鎖国」と自覚し、これを強化する政策を採った。北方でロシアと若干の紛争を経験し、これが解決した後、一八二五年には、海岸に近づく西洋形式の船はすべて追払えという異国船打払令を布告している。同時に、隣国との関係も縮小した。近世初頭以来、十二回にわたって迎えていた朝鮮通信使の応接地を首都の江戸から国境の対馬に移し、一八一二年に実行した後は来訪がなくなった。西洋が北太平洋に再登場したとき、東北アジアの三国は相互に疎遠となっていったのである。

2　西洋への開国・近隣との国交と摩擦

その孤立深化の中で、日本の国内では西洋や世界地理の研究が進んだ。ロシアとの紛争を経験した後は、西洋の再登場に備えて様々の対応シナリオが考案された。西洋との危機の予感は清朝のアヘン戦争（一八三九―一八四二）によって強まり、公儀は海岸防備の政策を立案したが、財政収入の隘路に阻まれて実行できなかった。一八五三年にアメリカ使節が到来したとき、部分的な開国に踏み切り、のちに国交・通商からなる全面的な開国政策に転換したのは、財政困難という状況下で、事前に用意されていた外交政策の中で時々に実行可能なものを選択した結果であった。(39)

徳川公儀の鎖国放棄は国内の反感を呼び起こし、その没落を招来したが、明治政府は当初から開国政策を採用し、西洋との条約関係を引き継いで、約四十年の間、西洋と平和を維持しつつ、その近代文明の移植に努力した。それを象徴するのは、廃藩置県という大変革の直後、岩倉具視を全権大使として、政府首脳の半数と若手官僚、さらに留学生からなる大規模な使節団を米欧に送ったことである。帰国後は詳細な観察記録を公刊し、国内の啓蒙に努めている。(40)

他方、明治日本は近隣諸国との関係も再編成した。西洋との関係と異なって、これは幾多の摩擦と紛争、さらに戦争を引き起こすことになった。まず近世に唯一正式の国交を結んでいた朝鮮であるが、明治政府は発足の一年後に使節を送り、国交の更新を求めた。(41) しかし、朝鮮側はこれを黙殺した。日本の書簡中に天皇の「皇」の文字があったからである。清朝の藩属国であった朝鮮は、これを使えるのは中国の「皇帝」ただ一人と考えていた。日本国書の文字を認めると日本の君主は皇帝と同格となり、朝鮮国王の地位は近世に江戸の「大君」と対等交際をしてきたにもかかわらず、一段引き下げられることとなる。近世の日朝は日本の天皇と中国の皇帝を抜きにして二国間関係を設定し、それにより安定した関係を築いてきた。しかし、日本の政体変革はこの二者を関連づけ、朝鮮の想定する上下階層を持つ国際秩序と日本が求める対等交際との間に原理的な対立を生むことになったのである。無論、ここには革命政権を隣国が承認するか否かという一般的問題も伏在していた。

この日朝紛争は一時は日本側に征韓論を生み出した。一八七三年、日本の内閣は一旦、交際を拒む朝鮮に問罪の使節を送ることを決定したが、欧州から帰国した政府首脳はこれを覆して事なきを得た。これが国内に内乱を暴発させることになったのは先に見たとおりである。一方、朝鮮ではほぼ同時に政権交代が起きた。新政権は、日本の軍艦が引き起こした江華島事件を収拾するために日本が使節を送ったとき、これを受け入れ、その結果、一八七六年、両国は日朝修好条規を結び、国交の基礎を築いた。

他方、日本はほぼ二百数十年ぶりに中国と国交を結ぶこととなった。(42) 近世を通じ、両国は長崎を訪れる中国商人、および朝鮮・琉球を介して通商関係を結んでいただけであったが、一八七一年、日清修好条規を結んで国交を始め、両国人の往来も可能としたのである。それは中国が隣国と結んだ最初の対等条約でもあった。

しかし、その三年後、日本は台湾に出兵した。台湾に漂着した琉球人を現地人が虐殺し、その責任を問うことを標榜したが、実際は征韓中止を憤った近衛兵の不満をそらすのが目的であった。清朝は版図の台湾への武力行使に抗議したが、イギリスの仲介もあって、清朝が監督不行届きの代償に若干の慰謝料を支払うことで無事、収拾された。しかし、一八七九年、日本が琉球を併合すると、両国は再び厳しい対立関係に入った。琉球は十五世紀に明朝に冊封された国であったが、一六〇九年に島津家によって征服された後は日中に両属し、両者の交易を媒介しつつ存続した。日本は、これを西洋国際法の主権原則に基づき、日本の排他的領土として組み込んだのである。その根拠は二百数十年にわたる島津家の実効支配であったが、冊封・朝貢を秩序原則とする清朝はこれを版図の侵害と見なし、両国は政府・世論の両レヴェルで対立を始めた。しかし、清朝は新疆でロシアとの紛争を抱え、日本は西南内乱の直後で疲弊していたため、いずれも戦争回避に動いた。その際には、対立緩和のため、双方で、ロシアを共通の敵とし、「同文同種」の日中が連帯するというアイデアが提唱されている。

東アジアでは従来、国際秩序は二国間関係の束として想像されていた。しかし、日本が維新により隣国との関係の更新を図った結果、日中間に対立が発生し、それを収拾するために「亜細亜」というリージョナルな枠組が創出されたのである。この「亜細亜」は当初、東北アジアのみを含むものであったが、日本の関心が西洋の名付けた「アジア」全域に拡がると、「東アジア」と呼び変えられるようになる。

3　海外派兵の抑制から対中戦争への転換

さて、維新後の日本はこうして中国・朝鮮との間に恒常的な国際関係に入った。しかし、その後、一八八〇年代には、朝鮮で二度、国内反乱が起き、これに清朝と日本が巻込まれる事件が発生した。二度目の事件後、日本の軍部は大規模な軍拡を計画したが、政府は国内の財政整理を優先させてこれを抑えている。その一方、朝鮮に関しては、もっぱらロシアの勢力拡張を予防することを主眼として、清朝や英米列強等との協調の下にこれを中立化する政策を提唱した。(43)

この朝鮮不介入政策が転換したのは一八九〇年代のことである。日本は財政整理後、経済の急成長を経験し、これを背景に鉄道の整備や艦船の輸入を行った。それにより国内から徴兵軍を動員し、海外に派兵することが可能となったのである。一八九四年、朝鮮で三度目の動乱が発生すると、以前は軍の要求を抑えていた政府は態度を転換し、清朝との戦争に踏切った。(44)

以上、明治政府が成立した後の対近隣政策を概観した。ここからは、海外派兵が維新の直接の結果ではなかったことが分かる。台湾出兵から日清戦争までには二十年の空白があった。政府はこの間、対外紛争をミニマムに抑え、国内の教育普及や経済開発に注力した。国家を相手とする戦争に踏み切ったのは、その成果が現れ、海外派兵が可能な経済的条件が整った後のことだったのである。近代日本の近隣に対する侵略や支配は、廃藩や脱身分化により維新が完了した後に起きた、別の過程として理解することが適切であろう。

明治維新後の日本は日清戦争の後、一九四五年の対連合国敗戦に至るまで、二十世紀の前半に大規模な戦争を繰り返した。今日の明治維新のイメージには、この大日本帝国が行った近隣侵略が影を落としている。朝鮮の支配も昭和の中国侵略も維新から始まったという理解である。これは必要条件としては正しい。江戸時代の鎖国体制を維持していたら、日本人が日本列島の外に姿を現すことはなかっただろう。しかし、維新が十分条件を与えたわけではない。近隣に対する領土拡張の構想は幕末から存在した。しかし、それは一部の人士の主張に留まり、政府がこれを国家目標に掲げ、実行したのはその成立二十七年後のことだったのである。

四　革命比較への問題提起

さて、次には観点を変え、明治維新の研究をどう革命の比較研究に生かすか、考えてみよう。比較の対象とするのは、主に近隣の中国とフランスである。七点ほど取り上げる。

第一は革命発生の機縁が内発的か外発的かという問題である。革命は当該社会に強いストレスがかかったときに生ずる。ストレスは内外両方から訪れるが、革命によってその比重は異なる。フランス革命はアメリカ革命をはじめ、イギリスとの抗争の中で生じたが、革命がイギリスに発生せず、フランスで生じたことを見ると、国内的要因が勝っていたようである。これに対し、明治維新は外発的な革命であった。我々はいかなる内部的な予兆もペリー到来の前に見出すことはできない。これは十九世紀に西洋諸国の世界進出が顕著になった後、中国やベトナムなど、非西洋世界で一般的に見られた現象である。明治維新の当事者は西洋による侵略からの自国防衛を基本課題として共有していた。防衛のための革命は西洋の内部でも見られる。例えばプロイセン改革はフランス革命とナポレオンの侵略からの防衛を動機として行われた。[45]維新はこの防衛的革命の、最も徹底的な初期の例として見ることができよう。

第二は革命の初期条件、すなわちどんな政治構造が革命を招きやすいかという問題である。近世日本の政治体制は、同時代の中国や朝鮮と比較すると、徴税能力の点で勝っていた。中国では全土に対し低率な間接税が課されていたが、日本では土地所有者から直接に高率の地税を取っていた。大名の小国家は長期の平和の中で徴税能力を低下させていたが、それでも東アジアの中では高い部類に属し（GDPの十五％以上）、十九世紀第三四半期に起きた維新の動乱の中でもそれが落ちることはなかった。[46]

しかしながら、近世日本は全国的な政治組織の面では弱みを抱えていた。二百六十余の小国家の連邦で、君主が二人もいた。この複合的構造は容易に解体しやすいものであり、同時に再建も容易にした。これに対し、中国や朝鮮は整合性の高い政治組織を持っていた。一人の君主が科挙で選んだ官僚を使って統治に当たり、その全体が儒教によって強い正統性を与えられた。[47]

このような体制を解体するのは易しくない。科挙がいかに激しい競争を生み、無数の落伍者を出そうとも、男性における「機会の均等」は魅力的であった。かつ儒教の試験は合格者が徳を十全に備えることを証明すると見なされ、彼らに人民に対する明確な優越性を与えた。中国・朝鮮は人が考え得る至善の体制を持つとの確信を定着させていたのである。同時に、朱子学以外の政治イデオロギーは異端として注意深く監視・排除された。その結果、人々が根本改革の必要を考えることなどあり得なかったのである。

これに対し、日本では、十九世紀になると双頭体制が不安定になった。国学が十八世紀後半から普及するにつれて、二人のうち真の君主は京都の天皇であるとの認識が国内に浸透していった。このような知的変化が進む中、十九世紀半ばに将軍が西洋の軍事圧力に屈して開国すると、その正統性は急速に薄れていった。その結果、大名や武士はその国家防衛の期待を将軍からその屈服を批判した天皇に移した。次いで、天皇の一身に日本の君主権が集中され、これに続いて大名の小国家群も解体されて、それを構成した武士たちも世襲的な地位と収入を失った。近世に普遍的だった身分と才能の分布の不整合はこうしてごく短期間に解消されたのである。

要するに、分権的構造が解体を容易にし、かつ君主が二人いたために片方が権威を失ったとき、直ちに他方に権力を集中できたのである。一般に、体制の崩壊後には新たな首長を生み出すためには激烈な権力抗争が長期にわたって続くが、維新の日本はそれを最小限に留めることができたのである。

この経験は革命が不整合を多く抱えた体制に生じやすいことを示唆する。不整合それ自体は必ずしも解体をもたらすわけではない。安定した環境下に体制の各部分が互いに役割分担の関係に入ると、それはむしろ安定をもたらす。[48] しかし、一旦、政治体制に大きな負荷がかかると、不整合は矛盾に転化し、そうなると体制は自壊を始める。崩壊が始まる最初の不整合のありかは革命ごとに異なり、対立開始後に生ずる問題連鎖の仕方も異なる。それぞれの革命で崩壊の出発点と連鎖の仕方を特定し、その上で比較を行うなら、ある程度革命のパタンを類型化できるかも知れない。

第三は革命における君主の役割である。中国革命とロシア革命以来、二十世紀を通じて、革命とは君主制の打倒に他ならず、社会に内在する歪みを正す大変革を、君主制が遂行することはあり得ぬと考えられてきた。この点で明治維新は顕著な例外をなす。しかし、これを唯の例外と考えてよいのだろうか。専制者が貴族の弱化・解体を図ることがある。彼らは自らを庶民の味方として表現し、民衆の圧力を動員して既得権者を弱体化させるのである。ナポレオン一、三世のように、これは君主制を打倒した後に成立した近代の独裁体制にしばしば見られる。

しかしながら、こうした現象は伝統的な君主制では稀にしか見られないようである。君主は貴族と一体で、互いに協力して権力基盤を維持し、しばしば下からの挑戦や反乱を抑圧するように行動する。十七世紀のブリテンで起きた革命が激烈なものになった一因は、この一般的傾向から逸脱したことによる。[49] これに対し、十九世紀日本では君主制が変革のピヴォットとなった。それは、天皇が十四世紀以来、国政決定権も財産も持たず、ただ国家統合の象徴として存在してきたからである。幕末の天皇と廷臣が狙ったのは利権の拡張でなく、その象徴的権威を高めることであった。彼らは十四世紀の後醍醐天皇による王政復古の失敗を意識して、自らは公然たる権力抗争に踏み込まず、日本人すべてにとって公平な存在と自己表現し、世の支持を集めた。武士たちはその至上の権威を攘夷の正当化、公論の場、大名間の関係調整など、自在に利用し、王政復古の後は身分を越えた人材登用、さらに大名国家の一律廃止にも使った。

君主（の名）による社会の大改革は君主の政治的・経済的無力を条件とする。中国・朝鮮であろうと、西洋であろうと、前近代の君主はその一身に国家的な財政と人事に関わる決定権を体現するのが普通であった。日本の類例は十八世紀の名誉革命後のブリテン以外には見出すことが難しいだろう。ブリテンで「王は君臨すれども統治せず」という体制が成立し、日本の伝統的な王権のあり方に近づいたのは、半世紀にわたる激烈な内戦を経て王権が無力化し、かつ秩序の安定が喫緊の課題となった結果、王権の象徴的な統合力と議会による決定権との組み合わせに行き着いたからと思われる。ただし、君主制の弱体化は大規模な社会変革にとっては必要条件に過ぎない。君主制が改革の鍵となり、十分条件を与えた明治維新は、やはり珍しい事件だったのかも知れない。

なお、日本の伝統的な王権も、明治以降のそれも、近代西洋の概念では把握しにくいことを指摘しておこう。双頭の君主制が七百年以上も維持されたのもさることながら、王政復古で日本レヴェルの君主が天皇に一本化された後も、例えば、これを「主権」と断ずると無理が生ずる。大日本帝国憲法はその条文に、行政・立法・司法・外交・軍事をすべて天皇が掌握すると規定したが、天皇の決定には所管大臣の副署が必須であった。[50] 起草者の伊藤博文が医師エルヴィン・ベルツに公言したように、天皇も皇族も、政府高官の振付け通りに行動するのが当然とされた。[51] これを人事・財政の全権を行使した中国・朝鮮やフランスの王権と同様に見なすことはできない。明治日本における立憲制の定着、政治的自由の拡充、政党政治への移行、そして昭和前期に生じた天皇の「大御心」の濫用は、こうした西洋産の概念では捉え得ない王権の性質に依存していた。同時に、天皇が神聖性を帯び続けたことも近代西洋の常識では捉えられない。[52] その神聖性と世俗権力性の二重性はこれまた流動的であり、明確な整理は不可能であって、そのあり方は時々の解釈に委ねられてきた。非西洋世界の政体を西洋の概念で把握することにはかなりの限界がある。

第四は世界の中に自国をどう位置づけるかという問題である。中国は歴史始って以来、自国を世界の中心と見なし、その体現する文明は他に比肩できるものがないと自負してきた。この自己中心的な世界像は外部を注意深く観察する努力を妨げた。これに対し、日本人の多くは自国を中国やインドという文明の辺境に位置づけ、常に外部から学ぼうとする知的習慣を持っていた。近世には中国に加えてオランダからも書物を輸入し、西洋の動向に注意を向け始めている。そのため、知識人は十九世紀の前半には西洋による世界のパワーシフトと太平洋西岸への進出に気づいており、西洋人が日本に再接近した時にどうするか、シミュレーションを繰り返していた。[53] アメリカ使節の到来以前、既に幕府の内外で防衛のための改革を考える人がいたのである。国際関係の緊張は常に改革に強い動機を与えるが、その度合や起動のタイミングは外部世界への敏感さによって異なる。中国や朝鮮が本気で日本と同様の改革を始めたのは日清戦争の最中、日本の約四十年後のことであった。

第五は革命に伴う犠牲者の問題である。明治維新における政治的死者は約三万人であった。[54] 他の主要な革命に比べて極めて少ない。フランス革命の場合、内乱と対外戦争を合わせると約百五十五万に上った。ロシア革命や中国革命の場合は一千万を超えるのではないだろうか。この間の差異はどう説明できるだろうか。まず指摘できるのは対外戦争の有無である。日本は中央政権が一貫して戦争を回避し、長州と薩摩が西洋と行った砲撃戦も小規模かつ短期に終わった。これに対し、フランス革命の対外戦争の死者はフランス側だけでも約百三十五万に上っている。[55]

しかし、国内の死者にも大きな差異がある。フランス革命での死者は内乱だけでも約三十五万に上った。革命当時のフランス人口（二千七百万人）は維新当時の日本の約八十％であったが、その犠牲者は日本より二桁多かったのである。これはどう説明できるだろうか。一つは民衆の関与の度合である。エリートの政争に文字なき民衆が関与する時、その関心はしばしば改革か

ら「正義の代行」に転化し、暴力に歯止めがきかなくなることがある。(56)

また、明治維新ではイデオロギー的衝突が稀にしか見られなかった。ヨーロッパの宗教戦争や今日の中東紛争が示すように、人は宗教やイデオロギーの対立に関心を集中すると著しく不寛容になる。フランス革命では革命政権とカトリック教会との間に厳しい闘争が展開した。また、知識人たちは理想の社会をめぐって様々の青写真を提出し、それらの間にも衝突が生じた。これらの条件が秩序再建に不可欠な妥協を著しく困難としたのである。(57)中国革命の場合にも、最後はイデオロギーを異にする国民党と共産党が対立を始め、大規模な内戦までエスカレートした。

日本の場合、十九世紀にはイデオロギー対立がほとんど生じなかった。天皇が究極の権威であることは将軍家も認めるようになっていた。当時、仏教や儒教、各種の神道など、多様な宗教や宗派が存在したが、その大多数は共存していた。同一人が複数の宗教に帰依し、日常的に崇敬するのは普通のことだった。(58)このような知的環境において、幕末に政治運動に携った人々の主流は、政体改革のために「尊王」への訴えかけを共有する一方、人々の精神的救済や信条には無関心であった。王政復古の後、国学系の宗教家が政府に入り込んだが、政府が設けた「大学」で同じく「政教」の確立を目指す漢学者と衝突したとき、政府は「大学」自体を廃止し、洋学系統の学校のみを遺した。同様に、宗教者が入り込んだ神祇官は太政官の一部に格下げされた後、大教院に改組されて周辺に追いやられた。のち、政府は国家神道の組織を作ったが、それは通常の「宗教」組織とは区別される存在であった。[59] 大日本帝国は神聖君主を戴くゆえに聖俗分離はできず、昭和前期になると、これが多くの「思想」問題を引き起こすことになった。もう一つの政治宗教、マルクシズムが登場すると、イデオロギー対立はさらに先鋭化したのである。しかし、それは後のことであって、明治期の政治家の主流は政治に宗教を持ち込んで対立関係を複雑にするのを回避し続けた。

第六は革命の過程で誕生する公論と暴力の関係である。公論と暴力は革命の双生児である。大規模かつ急進的な改革を求め、「正義」を振りかざす政治運動は、しばしばあらゆる手段に訴える。熱狂的な運動に巻き込まれた人々は、不正や大義への裏切りを見つけると、言論による非難だけでなく、暴力によって懲罰と排除を始める。革命に流血がつきまとうのはそのためである。しかし、内乱を終熄させ、革命を成功させるには、どこかの時点で暴力を抑えねばならない。したがって、我々は公論と暴力がいかに出現するかという問題とともに、公論空間がいかに暴力と訣別するかを観察せねばならない。[60]

明治維新の場合、暗殺や武力による威嚇が時に政治局面を転換することがあった。桜田門外の変がその典型である。しかし、「公議」「公論」を主張し、幕末政界でオポジションの主流を形成した越前・薩摩等は、説得と交渉を専らの手段とした。薩摩は幕末最後の年に武力動員に踏み切ったが、王政復古に際しても政治交渉を優先している。それが破綻したとき鳥羽伏見の戦いが起き、戦勝した薩・長の主導性が確立したが、西日本と中部日本の大名は争うことなくこれを受け入れた。東北で戦争が起きたものの、半年でほぼ決着している。明治維新で死者が少なかったのは、節目節目で政治家たちが武力抗争の回避に努め、たとえ発生しても拡大を抑えようとしたことが大きい。その背後には、近世日本の長い平和で培われた同調主義のメンタリティ、および西洋による内政干渉に対する強い警戒があったとみて良いであろう。

しかし、この内乱が終結したとき、暴力も同時に姿を消したのではなかった。内乱の勝者となった薩・長・土の軍隊の中から再度の内乱を望む者が現れて、東京の政府を脅かしたのである。天下再乱を防ぐ努力が破綻し、さらに武士の世襲家禄の廃止と帯刀が禁じられると、一八七七年、薩摩は反乱に立ち上がった。土佐は同時に挙兵する計画を立てていたが、薩摩の反乱が停滞する最中、政略を転換した。武器を捨て、専ら言論で政府に対抗する道を選んだのである。

この経験は、革命に貢献した軍隊の処遇がいかに難しいかを伝えてあまりある。内乱で打倒された勢力が復讐を企てることは実際には少ない。むしろ、革命の平時への移行に当たっては勝者の軍隊がトラブル・メーカーとなる。彼らをどう処遇するかが革命後の政府にとって最重要の難題になるのである。

この難題は最後の第七番目の問題と連なっている。暴力と訣別し、安定を見た体制は自由な体制になるのか、それとももう一つの専制体制に終わるのかという問いである。革命を成功させるには戦火を終息させねばならない。これに失敗すると、内戦は社会を破壊し尽くしてしまう。逆に暴力を止められるなら、新たな秩序が出来上る。しかし、それは、十九世紀のヨーロッパが提示した理想、平等と自由を同時にもたらすとは限らない。政治的自由の実現は革命の過程で動員された暴力の度合に反比例するように思われる。十八世紀以降の北米と西欧には自由を求めるイデオロギーが確乎として存在し、したがって、いかに夥しい暴力が動員され、革命への反動が繰り返されようと、最後には自由な秩序が可能となった。しかし、非西洋にそのようなイデオロギーは存在しなかった。明治の日本で政党活動や自由なメディアが生れ、その条件下に比較的にリベラルな秩序が形成されたのは、たまたま革命に際して暴力への依存度が低く、かつ政府と民間知識人の双方が同時代の西欧に定着しつつあった自由な体制を自らの課題達成に有用なものと判断したためと思われる。それは日清戦争後の日本の変化を見ても明らかだろう。日清・日露の戦争で勝利した日本では軍隊の権威が増した。とくに一九三一年以降には、大陸への軍事侵攻が常態化し、兵士の動員も大規模になったが、それに伴って自由は失われていったのである。

以上、明治維新の経験をもとに、そこから他の革命と比較し、議論するための論点を七つほど提示してみた。そのいくつかは十九世紀だけでなく、その百五十年後の現在においても人類の重要な課題として存在し続けている。明治維新はヨーロッパから見た「極東」に生じた取るに足りない事件ではなく、日本人のみが記憶を共有してナショナル・アイデンティティを固めるための道具でもない。日本の経験を人類一般の問題を考えるための素材や手掛りとして使える可能性をもし提示できたとしたら幸いである。

五　むすび

革命には長い時間がかかる。いつ始まったかは比較的に分かりやすい。しかし、いつ終わったのか、現在の社会とそれがどんな繋がりがあるのかは、よく考えねばならない。明治維新の始期が一八五三年のペリー来航による国際環境の激変にあることはいま異論がない。国内の政治動乱は一八五八年に始まり、一八七七年に終わった。以後の日本に大規模な内乱はない。しかし、一八五八年に提出された「公議」「公論」という課題が制度化されたのは一八九〇年であった。政治動乱は約二十年、政体の枠組の変動が終熄するには四十年弱の歳月を要したわけである。

この革命の期間はフランスや中国のそれと対比すると短い。一七八九年に始まったフランス革命は、ナポレオン専制、王政復古、共和革命、王政復古、ナポレオン三世の専制を経て、第三共和政に至ってようやく安定を見た。約八十年余がかかったのである。中国の場合は、一九一一年の辛亥革命から、国民党革命を経て、共産党の内戦勝利まで約四十年弱がかかり、その後体制が安定するまでには一九七七年の文化大革命の終熄までさらに三十年弱を要した。いずれも反動の繰り返しや甚だしい曲折を経験したのである。

これに比べると維新は短期間に行われただけでなく、反動がなかったのも特徴だった。ただし、日本は一九三〇年代に至って大規模な対外戦争と自由の抑圧を経験した。それを推進したのは旧エリートでなく、新興勢力であったから、反動というよりは逸脱とみる方が良いだろう。この体制は日本が自ら引き起こしたアジア太平洋戦争で崩壊した。そのとき、日本は新たな憲法を制定し、天皇の役割を近世以前のように限定し、基本的人権を確保し、男女の平等を定めるなど、従来の制度的欠陥を是正している。農地改革など私人の所有権に手をつける社会主義的な改革まで行っている。これは維新に続く第二の革命と呼ぶにふさわしい事件だったと言えよう。現在の日本は戦前の反省に基づく、この枠組の下で運営されてきた。しかし、この改革は占領軍が主導し、強制したものであったため、正統性が弱かった。リベラルデモクラシーの実現や経済発展・社会的平等化など、多大な成果を上げたにもかかわらず、第二革命として誇らしげに語る日本人を見つけるのは難しいのが実情である。

註

（1）HYDE3（History Database of the Global Environment 3）によると、一八五〇年の各国別推計人口は、上から順に中国が四億九百九十四万六千、インド（現在の領域とバングラデシュとパキスタンを合算）が二億七千二百十三万八千、とんでロシア（現在のウクライナ、ベラルーシ、バルト三国、モルドヴァを含むヨーロッパ部）が三千八百六十一万五千、フランスが三千六百三十九万八千、ドイツ（のちの統一後の領域）が三千三百七十四万六千、日本が三千二百万と並んでおり、人口急増中のアメリカ合衆国は二千三百四十二万四千であった（K. Klein Goldewijk and G. van Drecht, "HYDE 3.0: Current and historical population and land cover, 2006.「歴史上の推定地域人口」https://ja.wikipedia.org/wiki/ より再引用）。

（2）落合弘樹『秩禄処分』（講談社学術文庫、二〇一五年、原著、一九九九年）。

（3）三谷博「国境を越える歴史認識」（『岩波講座日本歴史』第二二巻）二六九頁。奈倉哲三「招魂　戊辰戦争から靖国を考える」（『現代思想』二〇〇五年八月号）一〇八頁。『鹿児島市史』（第一巻、一九六九年）六六九頁。

（4）本書、一四頁。

（5）中国の文化大革命では、その終結後、葉剣英元帥が中共中央工作会議で大量死があったと指摘した。その数字は千万とも二千万とも伝えられる（李鋭著、小島晋治編訳『中国民主改革派の主張――中国共産党私史』岩波現代文庫、二〇一三年、一二四、二七〇頁）。

（6）より一般的には、三谷博「日本史からみたフランス革命」（山﨑耕一・松浦義弘編『フランス革命史の現在』山川出版社）二〇一三年。

（7）より広範な理論的検討としては次を参照。三谷博『明治維新を考える』（岩波現代文庫、二〇一二年、原著、二〇〇六年）、序章　明治維新の謎、第二章　革命理解の方法――「複雑系」による反省、維新史の鳥瞰。同『愛国・革命・民主』（筑摩書房、二〇一三年）第二・三講。

（8）例えば、高校の日本史教科書市場の半数以上を占めている『詳説　日本史B』山川出版社。

（9）文部省維新史料編纂事務局『維新史』（全五巻、付録一巻、一九三九―一九四一年）。以下の議論は次の要約である。三谷博「維新政治史の研究――文部省『維新史』まで」、明治維新史学会編『講座　明治維新』第一二巻（明治維新史研究の諸潮流、有志舎、二〇一八年）。

（10）以下の事実関係は、三谷博『維新史再考』（ＮＨＫ出版、二〇一七年）。

（11）高橋秀直『幕末維新の政治と天皇』（吉川弘文館、二〇〇七年）。

（12）村田氏寿あて橋本左内書簡（［安政四年十一月二十八日］『橋本景岳全集』第二巻（景岳会、一九三九年）五五〇―五五六頁。安政五年政変による体制崩壊の機制を鮮やかに捉えたものとして、参照、佐藤誠三郎『「死の跳躍」を越えて』（千倉書房、二〇〇九年、原著、一九九三年）第三章。
（13）『維新史再考』三〇九－三一六頁。
（14）『維新史』第二巻、五八二、六五一頁。
（15）『維新史』第四巻、第五巻。
（16）前掲、奈倉論文。
（17）その指針となったのは、遠山茂樹『明治維新』（岩波書店、一九五一年）。その書評として、三谷博「明治維新を考える」』第五章。青山忠正『明治維新と国家形成』（吉川弘文館、二〇〇〇年）第一章。佐々木寛司「明治維新論争とマルクス主義史学」（前掲『講座　明治維新』第一二巻）。
（18）以下は、三谷博『維新史再考』による。
（19）江戸城の控えの間として、溜間・大廊下・大広間を与えられた大名の数。
（20）升味準之輔『日本政党史論』第二巻（東京大学出版会、一九六五年）二八頁。
（21）福地源一郎『幕府衰亡論』（民友社、一八九二年［復刻、東京大学出版会、一九七八年］）。
（22）藤井哲博『長崎海軍伝習所』（中央公論社、一九九一年）。東京大学『東京大学百年史』通史一、一九八四年、第一編第一章。
（23）前掲『橋本景岳全集』第二巻（一九三九年）五五〇－五五六頁。
（24）佐藤誠三郎『「死の跳躍」を超えて』千倉書房、二〇〇九年。
（25）「国民」とは元来、その「国家」に住む民という意味で、近世には多く大名領国の住民を指した。統治の主体と客体の二重の役割を持つ存在という意味に変えたのは、福澤諭吉『学問のすゝめ』（第七編、一八七四年）である。これが一般に普及したのは、国会開設が近づいた一八八七年に徳富蘇峰が創刊した『国民之友』の頃と思われる。近世には「人民」がしばしば用いられたが、これは「国家」の統治対象を指す言葉であった。大日本帝国憲法は「臣民」を用いたが、日常的に用いられることはなかった。フランスの citoyen に相当する「市民」は今でもあまり使われない。これは、ドイツにおける Volk と同様、「国民」がその意味を内包・代行したからと思われる。
（26）明治初期の諸改革については、中村哲『明治維新』（日本の歴史第一六巻、集英社、一九九二年）。

（27）小川原正道『西南戦争』（中央公論新社、二〇〇七年）。同『西南戦争と自由民権』（慶應義塾大学出版会、二〇一五年）。

（28）鳥海靖『日本近代史講義』（東京大学出版会、一九八八年）。

（29）幕末の政体改革の創案者だった橋本左内は蘭学者で、ペリー来航後に「西洋事情書」というノートを記し、人材選挙や学校の活用に注目した。しかし、中国の科挙については以前から知っていたはずである。『橋本景岳全集』第一巻、一五四頁。

（30）山田央子「ブルンチュリと近代日本政治思想（下）――「国民」観念の成立とその受容」（『東京都立大学法学会雑誌』第三三巻第一号、一九九二年）。この『国法汎論』は、政府側だけでなく、植木枝盛ら民権運動家にも広く読まれ、「国家」を想像する大枠を提供した。

（31）稲田雅弘『自由民権の文化史』（筑摩書房、二〇〇〇年）。

（32）松沢裕作『自由民権運動』（岩波新書、二〇一七年）。牧原憲夫『客分と国民のあいだ』（吉川弘文館、一九九八年）。

（33）升味準之輔『日本政党史論』第一巻、第二巻（東京大学出版会、一九六五、一九六六年）。坂野潤治『明治憲法体制の確立』（東京大学出版会、一九七一年）。

（34）例外はある。一八九二年の第二回総選挙に際して政府の選挙干渉で八十三名もの死者が出た（坂野潤治「藩閥と民党」、井上光貞ほか編『日本歴史大系』第四巻、六八五頁）。この反省に基づき暴力の抑制努力が始まった。今日に至るまでの日本で政治的理由で殺された日本人は千名に満たない（三谷博『愛国・革命・民主』筑摩書房、二〇一三年、二〇頁）。

（35）以下、特記しない限り次による。三谷博・並木頼寿・月脚達彦編『大人のための近現代史――19世紀編』（東京大学出版会、二〇〇九年）。

（36）羽田正編『海から見た歴史』（東アジア海域に漕ぎだす第六巻、東京大学出版会、二〇一三年）。

（37）三谷博・李成市・桃木志朗「『周辺国』の世界像――日本・朝鮮・ベトナム」（秋田茂ほか編『「世界史」の世界史』ミネルヴァ書房、二〇一六年）。この三国は、中華帝国の利用・抵抗・複製を、程度の差はあれ、共通して行った。

(38) 荒野泰典・石井正敏・村井章介編『近世的世界の成熟』(日本の対外関係第六巻、吉川弘文館、二〇一〇年)。
(39) 三谷博『ペリー来航』(吉川弘文館、二〇一五年)。
(40) 久米邦武編修、田中彰校注『特命全権大使米欧回覧実記』全五巻(岩波書店、一九七七―八二年、原刊、一八七八年)。
(41) 詳しくは、田保橋潔『近代日鮮関係史の研究』上巻(朝鮮総督府中枢院、一九四〇年)。趙景達編『近代日朝関係史』(有志舎、二〇一二年)。
(42) 坂野正高『近代中国政治外交史』(東京大学出版会、一九七三年)。岡本隆司『中国の誕生』(名古屋大学出版会、二〇一七年)。
(43) 山県有朋(首相)「軍事意見書」(「一八九〇年三月閣議配布」大山梓編『山県有朋意見書』原書房、一九六六年)一三七―一八五頁。
(44) 大谷正『日清戦争』(中央公論新社、二〇一四年)。
(45) 山田欣悟、成瀬治、木村靖二編『ドイツ史』第二巻(山川出版社、一九九六年)。
(46) 深尾京司、中村尚史、中林真幸編『岩波講座　日本経済の歴史』第二巻(近世、岩波書店、二〇一七年)三二頁。
(47) 岸本美緒・宮島博史『明清と李朝の時代』(世界の歴史第一二巻、中央公論社、一九九八年)。宮崎市定『科挙』(中央公論社、一九六三年)。島田虔次『中国の伝統思想』(みすず書房、二〇〇一年)。
(48) 三谷博「安定と激変――複雑系をヒントに変化を考える」(史学会編『歴史学の最前線』東京大学出版会、二〇〇四年)。
(49) 近藤和彦『イギリス史10講』(岩波書店、二〇一三年)。
(50) 大石真『日本憲法史〔第二版〕』(有斐閣、二〇〇五年)。
(51) トク・ベルツ編『ベルツの日記』上巻(岩波書店、一九七九年)二〇四頁(一九〇〇年五月九日)。
(52) 小倉慈司・山口輝臣『天皇と宗教』(天皇の歴史第九巻、講談社、二〇一一年)。
(53) 三谷博『ペリー来航』(吉川弘文館、二〇一五年)。
(54) 註3。なお、この事実の指摘は日本人の平和愛好性を主張するものではない。日本人は二十世紀の前半におそらく一千万以上の外国人を殺している。ナショナリズムの特徴である暴力行使の内外差別を最も顕著に体現したと言って良い。三谷博『愛国・革命・民主』（筑摩書房、二〇一三年）。

(55) フランス革命期とナポレオン時代を分断し、後者を除外することは対外戦争という観点からは意味がない。ナポレオンがいかに革命の理念を裏切ったとしても、彼とその対外侵略は革命なくしてはあり得ず、対外戦争も動員体制も連続した現象であった。ジェフリー・エリス『ナポレオン帝国』（岩波書店、二〇〇八年）。

(56) 早川理穂「パリの民衆運動と暴力」（前掲『フランス革命史の現在』）。

(57) 三谷博「日本史からみたフランス革命」、同上。

(58) このような心性は過去・現在を貫いている。一九八八年の信者数調査によると、神道系は五十一％、仏教系は四十三％、キリスト教系は一％弱、諸教は五％だったが、その総計は総人口の約二倍に上った。末木文美士『日本仏教史』（新潮文庫、一九九六年）二七二頁。

(59) 前掲、小倉慈司・山口輝臣『天皇と宗教』。

(60) 三谷博「維新における「公議」と暴力——双生児としての誕生から訣別まで」、日本大学史学会『史叢』近刊。

座談会　革命とは何か？　前篇

三浦信孝・福井憲彦・三谷博

三浦　今年は王政復古の大号令に始まる明治維新から百五十年ということで、六月に東京・恵比寿の日仏会館で「明治維新を考える」というシンポジウムを開きました。そして、その書籍化されたものが本書です。シンポジウムでは「比較」という視点を重視しました。具体的にはフランス革命と明治維新との比較です。

福井　自画自賛ではないけれど、世界的に見ても第一級の研究者を結集することができました。日本側は明治維新史研究の世界的権威である三谷博さんと日本政治思想史の渡辺浩さん。フランス側はフランス革命史研究の本家本元、ソルボンヌの革命史研究所からピエール・セルナさんと、日本史に関する広い視野をもっているピエール＝フランソワ・スイリさんです。

三浦　「比較」と言っても、フランス革命と明治維新は全くもって非対称的で、比較は難しい。これは全員の共通了解でした。それを前提にどんな議論ができるのか、あるいはできたのか、本書を手に取っていただきたいと思います。ここではより広い視野で、明治維新とフランス革命について考えましょう。

記念と慰霊のあいだ

三浦　フランス革命二百周年の時（一九八九年）には世界中からフランス革命研究者がソルボンヌに集まり、七月に一週間かけてシンポジウムが開かれました。日本からも柴田三千雄と遅塚忠躬、樋口陽一、西川長夫、中江兆民研究の井田進也、啓蒙思想研究の中川久定の諸先生が参加した。では、明治維新百五十周年に日本で同じような国際学会があるかといったら全くない。「記念（commémoration）」の仕方が全然違う。フランス革命史研究にはジャコバン正統派とフランソワ・フュレらの修正派があるにしても、革命を共和国の出発点として重視する。ナショナル・アイデンティティを再確認するという意味合いもある。一方、日本では、政府が明治改元の詔が発せられた十月二十三日に記念式典を行なうようだが、国民には全く開かれていない。その違いを痛感します。

三谷　日本とフランスの国民的な記念のあり方の違いという点は、言われて初めて気が付きました。

三浦　フランスでは七月十四日が「国民の祝祭日（Fête nationale）」として非常に大事です。いわずもがな、バスティーユ攻略の日です。一方、日本の革命記念日に相当する建国記念日はいつかというと、どの日を選んで百五十年を祝ったらいいか特定の日付がない。アメリカの独立記念日は七月四日。日本の独立は？　アメリカの占領が終わって主権を回復した日という考え方も、保守勢力にはある。

福井　サンフランシスコ講和条約が発効した一九五二年四月二十八日ですね。

三谷　日本にはネガティブな記念日というのはあって、それが八月十五日。祝う日ではなく慰霊の日です。これは近代史の違いからきています。大日本帝国ができた維新はもう遠い昔になっていて、日本の近代は一九四五年ではっきり二つに分かれている。

三浦　一九四五年八月十五日で日本は主権が天皇から国民に移ったという、宮沢俊義の「八月革命説」というのもある。日本という国が出来た日というと、紀元前六六〇年に神武天皇が即位したとされる二月十一日が建国記念日になっている。

三谷　神話の世界の話です。

福井　近代国家という意味ではまるで違いますね。

三浦　たとえば駐日フランス大使館が、来賓を招いて祝う日は七月十四日。一方、日本の大使館が駐在先の国で一番盛大に日本を祝う日は、天皇誕生日なんです。

三谷　今から五十年前、一九六八年の明治百年の頃はみんな維新を同時代の問題として捉えていた。一方に佐藤栄作首相がいて、もう一方には「戦争はもうこりごりだ」という歴史家がいた。彼らは現代の政治的社会的な課題を解決するために維新を参照した。みんな一九三〇年代の日本を維新に投影していたんですね。でも、僕みたいに戦後生まれの歴史家になると、一九四五年以降の政治体制が自明なわけです。政治について考えるとき、もう維新を参照する必要はない。その分、非常に気楽といったらおかしいけど、突き放した態度で研究はできます。

革命観の対立

三谷　シンポジウムにおいても本書『フランス革命と明治維新』においても、根本的と言っていい革命観の対立がありました。セルナさんは、僕の維新論には民衆運動が書かれてないと批判する。フランス革命で決定的に打ち出された基本的人権についてあまり触れていないところも気に入らなかったようです。ただ僕から言わせると、明治維新に民衆はあまり関係しなかった。一揆や打ちこわしがあちこちで起きていましたが、それは経済的な闘争であって、民衆は政治、権力争奪に関与してこない。そこは決定的に違う。もうひとつ非常に重要な点は、明治維新においては、死者が非常に少ない。僕の明治維新解釈で一番重要な部分は、統治身分が解体されたこと。そして被差別民がなくされたこと。身分制改革は非常に難しいことなんだけれど、これがちゃんとできたということはとても大きなことです。それだけでも評価すべきです。福澤諭吉がアメリカの独立宣言からパラフレーズして「天は人の上に人を造らず」と言えたのも、そのお陰です。その前提に廃藩による武士の総失業があったのです。

三浦　たしかに普遍的理念をあらゆる革命にあてはめようとする傾向がフランス人にはあると思う。もともとセルナさんはフランス革命と明治維新は比較できないという立場だった。三谷さんは比較するための土台を作りたいと思ってこれまで研究し英語で発信されてきた。

三谷　プラットフォームは幾種類も用意できる。

そこで議論すればいいわけです。

三浦　明治維新を世界史の重要な革命の一つに加えることによって、革命というものの考え方を組み替えるという意図が三谷さんにはあるわけですね。

三谷　革命を体制転覆というように丸ごとに把握しては駄目です。一つひとつ変革点をばらして検討しないと。

三浦　革命比較から革命の一般理論をつくるのは、なかなか難しいのではないか。

三谷　日本史の同業者から「おまえの維新理解は冷たいな」と言われたことがあります。僕は医者みたいな態度で分析しているから。そもそも、登場人物に同情していない。理解には努めますが。

三浦　日本の革命史研究者からのフランス革命への問題提起は高橋幸八郎以来あっただろうか。例えば、ヴィシー時代のフランスについてフランスではタブーだった対独協力を暴いたのは、アメリカのロバート・パクストンという研究者で、これは一九七〇年代に「パクストン革命」と言われた。そういう問題提起が日本の研究者にはあるのか。その点で、三谷さんの問いかけはセルナさんに大きなショックを与えたと思う。セルナさんはフランス革命史における正統派の継承者です。フュレ派に対しては拒否感がある。

三谷　セルナさんは僕のことも渡辺浩さんのことも修正派だと言っていました。そんなに間違いではないけどね（笑）。

三浦　正統派はトクヴィルと聞いただけで「お前は修正派か」ということになってしまう。そこは教条的です。

三谷　僕は革命史研究所の前任、ジャン＝クレマン・マルタンさんには会ったことがある。東アジアの歴史認識論争の背景を知りたいと、今から六、七年前にパリ第七大学に招かれた。「それならあわせてフランス革命史の専門家を呼んでくれ」と頼んだ。そしたらマルタンさんが来てくれた。マルタンさんはヴァンデの反乱をはじめフランス革命の暴力性の問題を取り上げて仕事をされた方、私の提出した論点に丁寧に答えてくださった。セルナさんの教条的な対応とは全く違いましたね。

三浦　パリの革命二百周年学会を組織したミシェル・ヴォヴェルが先日亡くなりました（十月六日）。革命二百周年の秋には日本のシンポジウムにも来ています。

三谷　私も話を聞きに行ったな。

三浦　二〇〇〇年代初めにも日本に来ていて、僕はコスモポリタンな革命がいかにナショナリスティックな革命に変容していったかという講演を聞きました。エクサンプロヴァンスにお住まいでお家に伺ったこともあります。『ジャコバン――ロベスピエールからシュヴェヌマンまで』という本も書いて、「共産党員が自分ひとりしかいなくなっても、私は死ぬまで共産党員だ」と語っていた。でもすごく優しい人。革命期の心性史研究が有名です。当時の遺書を調べて死生観を探ったりしている。正統派ではあるが、ごりごりではない。

福井　理論で現実を裁断しない人だった。

三浦　柔軟かつ批判的な先生で、そのヴォヴェルの愛弟子がセルナさんです。

三谷　革命史研究所といえば、その創設者ジョルジュ・ルフェーヴルです。僕も『一七八九年――フランス革命序論』（高橋幸八郎・柴田三千雄・遅塚忠躬訳、岩波文庫、一九九八年）は読んでいます。この本は革命を柔軟に扱っている。アリストクラート・ブルジョワ・民衆・農民という四つの革命が複合したものがフランス革命だという把握は鮮やかで啓発的です。それが世代を経るごとに単純化されていないか、気になるところです。というのも、日本の維新史学もそうなんです。新政権はいろんな大名の寄り合い所帯だから薩長だけを讃えるわけにはいかなかったが、いつのまにか薩長中心に書かれるようになった。戦後になって遠山茂樹は長州一辺倒で書いちゃった（『明治維新』岩波書店、一九五一年＝二〇〇〇年）。それが今の教科書に受け継がれている。尊王攘夷から尊王倒幕、そして廃藩置県へ。一直線に進んだかのように書かれている。

三浦　三谷さんは長州一辺倒の維新史を書き換えたように思いました。

福井　維新史のマスターナラティヴの問題ですね。その完成は総力戦体制下だった（維新史料編纂事務局『維新史』全五巻、付録一巻、明治書院、一九三九―一九四一年）。しかもそれが批判されないままに戦後に民主派に引き継がれる。これは何なんでしょう。

三谷　不可解ですね。戦後史学は王政復古を排除しようとした。しかし、それを除いたら戦前も戦後もほとんど同じなんです。

「大西洋革命」と「独立」の意味

福井　セルナさんの論考で印象的なのは、これまでフランス革命は自己完結の革命と考えられがちだったのが、イギリス革命からの流れや「大西洋革命」の中のフランス革命と位置付けて考え直そうとしている点です。これは僕らには当たり前で、世界史の中でフランス革命を単体で考えるということはなかったけれど、案外フランスではそれが行われていて国内の問題として考えていた。それに対して、セルナさんは革命はすべて独立の問題だという。干渉戦争の問題、内乱・内戦の問題を重視するがゆえに、フランスだけの問題ではなく全体の問題として膨らんできている。それが強く出ている。もうひとつは、植民地の問題です。フランスの歴史家は、植民地問題をまっとうに対象化してこなかった。その問題をフランス革命史研究の中で引き受けようとしている。人道に対する罪という概念ですね。もちろん実態としては実現してない。けれど革命が普遍的な理念を掲げたことは重要だと思う。そういう点に留意するスタンスは非常にいいなと思いました。

三谷 普遍的人権の重要性は無論否定しませんん。しかし、フランス革命は孤立したものでなく、外国との繋がりの中で起きたという話は、なにもセルナさんが言い始めたことではなく、二〇一〇年にアムステルダムの国際歴史学会で、あのリン・ハントも語った。文化史研究者のはずなのにとみんな仰天してましたよ。ですからセルナさんの説はオリジナルではないですが、フランス本国でもそうした変化が起きたということはたいへん重要です。

福井 大西洋世界に革命を位置付けるという考え方は実は一九五〇年代からあるんです。アメリカのロバート・パーマーという歴史家が言い出したんですが、フランスではなかなか受け入れられなかった。それがいまはようやく一つの検討の枠組みとして捉えられつつある。

三浦　「大西洋革命」という考えはパーマーが言い出したんですか？　つまりフランスの歴史家ではなく、アングロサクソンの歴史家の打ち出した概念ですか？

福井　パーマー自身は自分の著書でデモクラティック・レボリューションと言っています。民主主義革命ですね。

三浦　フランスで文学系の友人と議論したとき「大西洋革命」という言葉を先方は知りませんでした。そしたら「太平洋革命」はあるのかと逆に聞かれました（笑）。たしかに東アジアではまず明治維新があり、その約四十年後に辛亥革命が起こります。そういう発想はフランスの歴史家にはないようですね。

福井　東アジア革命とか言えるのかね。

三谷　山室信一さんの「思想連鎖」のお仕事を思い浮かべましたが、革命についてはどうか……。

三浦　セルナさんを擁護すると、彼は、フランス革命は「大西洋革命」の連鎖の中で捉えなければならないとはっきり書いています。フランスのフランス革命史家は、この考えをなかなか認めなかったとも。フランス革命はあくまで極めて例外的な独自の革命だと考えていた革命史家が多く、彼はそれを批判する。そこは認めなければなりません。ただし、そのワールドワイドな視点を彼はアジアにまでは広げていないとは言えると思う。もう一点、植民地の問題については、一九五四年にアルジェリア戦争が始まって、六二年に独立したわけですが、アルジェリアの独立戦争をフランスはずっと公には認めておらず、一九九九年に国会で法律を改正してやっとあれは独立戦争だったと認めたんだというこ

三谷　もちろんそこは評価すべきだけれど、アルジェリアだけでなくベトナムのことも考えるべきです。（続）

二〇一八年十月十九日、白水社編集部

と。アルジェリアの独立戦争を描いた映画「アルジェの戦い」（一九六六年）も上映禁止になっていました。フランス革命はフランス人民の王政支配からの独立革命だったというのが彼のテーゼだけど、なぜそう認められなかったかというと、アルジェリア戦争を独立戦争だったと認めたくないフランス人のトラウマが邪魔しているんだ、と。第二次大戦後起こった植民地の独立戦争を認めまいとする心性が、アルジェリアの独立後もあった。アルジェリア戦争中からピエール・ヴィダル＝ナケのような歴史家が問題にしていた拷問の問題も一九九〇年代末までタブーになっていた。それを引き合いに出しながら、彼はフランス革命を奴隷制の廃止やハイチの独立と合わせて考える。現在までフランス革命が続いているという発想にはこうした背景がある。

Ⅱ　マルクスには見えなかったもの

第三章　アレクシ・ド・トクヴィルと三つの革命
――フランス（一七八九年―）・日本（一八六七年―）・中国（一九一一年―）

渡辺浩

一　はじめに

周知のように、フランソワ・フュレ氏の『フランス革命を考える』（一九七八年刊。大津真作訳、岩波書店、一九八九年）は、それまでマルクス主義的な枠組みによってフランス革命を解釈してきた、多数の人々に衝撃を与え、欧米のみならず日本でも大きな反響を呼んだ。(1)「階級」は基本的に経済構造上の位置によって決まる。そして、その「階級」間の利害対立が激化して政治上に噴出したのが革命である、というそれまでの種々の論争においても「論敵」同士が共有していた前提を、フュレ氏は全面的に否定したのである。当然、フランス革命は基本的に「ブルジョア革命」である、という理解も否定される。その結果、「明治維新」はフランス革命と「本質的」(?)には同じ「ブルジョア革命」だったのか否か、といった問い自体も成立しないことになる。革命とは何よりも政治の問題であり、まずは政治の問題として理解されなければならないというのである。

同書で、フュレ氏が、マルクスに代わって援用したのは、アレクシ・ド・トクヴィル(一八〇五—一八五九年)がその著『旧体制と大革命』(一八五六年)で示したフランス革命解釈である。

本章は、その『旧体制と大革命』ではなく、それに代わって、同じトクヴィルの別の名著『アメリカのデモクラシー』(一八三五、一八四〇年)を手がかりとする。つまり、本章は、トクヴィルの「デモクラシー」論を手がかりにして、フランス・日本・中国における三つの革命について考えてみようという試みである。(2)

二 「一人の王に服従するデモクラティックな人民」

『アメリカのデモクラシー』の注意深い読者なら誰でも知っているように、そこに言う「デモクラシー」« démocratie »の反対語は、「君主政」« monarchie »ではない。「専制」« despotisme »でもない。「アリストクラシー」« aristocratie »である。その理由は明確である。彼において、基本的には「デモクラシー」とは、アリストテレスの言うような貧しい多数の民衆による統治ではなく、「人民」の自治(自己統治)でもなく、自由な選挙に基づく議会政治のことでもなく、

« l'égalité des conditions » すなわち諸条件あるいは境遇の平等が支配的な社会のことだからである。第一巻序文の冒頭で、トクヴィルは、こう述べている。

合衆国に滞在中、注意を惹かれた新奇な事物の中でも、境遇の平等（l'égalité des conditions）ほど私の目を驚かせたものはなかった。この基本的事実が社会の動きに与える深甚な影響はたやすく分かった。それは公共精神（l'esprit public）に一定の方向を与え、法律にある傾向を付与する。為政者に新たな準則を課し、被治者に特有の習性をもたらす。／やがて私は、この同じ事実が、政治の習俗や法律を超えてはるかに広範な影響を及ぼし、政府に働きかけるばかりか市民社会（la société civile）をも動かす力をもつことに気づいた。それは世論（des opinions）を創り、感情を生み、慣習を導き、それと無関係に生まれたものにもすべて修正を加える。／こうして、アメリカ社会の研究を進めるにつれて、境遇の平等こそ根源的事実であって、個々の事実はすべてそこから生じてくるように見え、私の観察はすべてこの中心点に帰着することに繰り返し気づかされた。(3)

「デモクラティック」« démocratique » な社会には、貴族がいない。それだけでなく、およそ世襲による生まれつきの身分というものがない。生まれが、自動的に彼／彼女が何者であるかを決めるということがない。「アリストクラシー」の社会のように、人が生まれつくそれぞれの身分がそれぞれの伝統的な生活様式を持ち、それぞれに標準的な人生経路が決まっている、ということがない。人々の生の諸条件あるいは境遇が、根本において平等だということである。その意味で、「デモクラシー」も、「アリストクラシー」も、社会の類型である。政体の類型ではない。したがって、トクヴィルにおいて、「デモクラシー」の社会は、「共和政」« république »であるとは、限らない。王によって統治される「デモクラシー」の社会もありうる。実際、彼は、『アメリカのデモクラシー』で、こう述べている。

最大多数の精神的支配は一人の王に服する民主的国民にあっては純粋民主政におけるほど絶対的ではないと考えられる。けれども、どんな場合にも、その力は相当に絶対的であり、平等の世紀に人間を律する政治の諸法がいかなるものであれ、共通の意見への信仰は一種の宗教となり、多数者がその預言者となるだろうと予測できる。[4]

（第二巻第一部第二章「民主的国民における信仰の主要な源泉について」）

明らかに、トクヴィルの考えでは、「一人の王に服する民主的人民」un peuple démocratique soumis à un roi というものが、存在しうるのである。

さらに、トクヴィルによれば、「専制君主」に支配されている「デモクラティックな人民」« un peuple démocratique, soumis à un despote » さえも、ありうる。

人々が互いにますます類似し平等になるにつれて、宗教は世の中の日々の営みから慎重に距離をとり、一般に受け容れられている観念や大衆を恒久的に支配している利害と無用の衝突を起こさぬことが一層重要となる。というのも、共通の意見（l'opinion commune）がもろもろの権力の中でも第一のもの、そしてもっとも抵抗し難い権力のようになるからである。世論の外にあって、その攻撃に長く抵抗することのできるほど強力な拠点はなにもない。このことは一人の専制君主に服する民主的国民にあっても、共和国の場合に劣らず真実である。(5)

（第二巻第一部第五章「合衆国において、宗教はどのように民主的本能を利用しうるか」）

しかも、トクヴィルは、さらに大胆に、次のようにさえ述べている。

境遇が平等な国民に絶対的専制的政府を樹立することはそうでない国民に比べて容易だと思う。そしてそのような国民の下に一度そうした政府が立てられると、その政府は人々を抑圧するだけでなく、長い間には一人一人から人間の主要な属性のいくつかを奪おうとするであろう。私はそう考えている。(6)

（第二巻第四部第七章「これまでの章の続き」）

すなわち、「デモクラシー」が実現すると、デモクラティックな共和政以上に、デモクラティックな専制が出現しやすいというのである。

しかし、それまでの歴史において、「デモクラティックな専制」と呼ぶべき逆説的な政治形態が、実際に出現したことがあったのだろうか。

無論、あった。トクヴィルは、中国、特に明の王朝（一三六八－一六四四年）と清の王朝（一六四四－一九一〇年）こそが、その実例であると考えていたと思われる。それは、彼にとって同時代の存在であった。

三　中国――デモクラティックな社会

『アメリカのデモクラシー』の「アメリカ人はなぜ理論より学問の実用にこだわるのか」と題する章において、トクヴィルは、こう述べている。

われわれを照らす文明の光（les lumières qui nous éclairent）がいつか消えることはないにしても、少しずつひとりでに暗くなることはあるかもしれない。応用に閉じこもってばかりでは、原理を見失い、原理をすっかり忘れては、そこから引き出される方法に従うことは難しくなろう。新たな方法をつくり出すこともはや叶わず、自分の理解できない精妙なやり方を知恵も技術もなしに利用することになるであろう。[7]

（第二巻第一部第十章「アメリカ人はなぜ理論より学問の実用にこだわるのか」）

これは、アメリカ人の話である。ところが、この直後に、トクヴィルは、突然、中国について語り始める。

三〇〇年前、ヨーロッパ人が中国に上陸したとき、彼らはそこでほとんどあらゆる技術が一定の完成に達していることを見出したが、この地点に達した中国人が、それ以上少しも進まぬようであるのに驚いた。その後、すでに失われてしまったいくつかの高等知識（quelques hautes connaissances）の痕跡も発見した。その国の産業は盛んであり、科学的方法（méthodes scientifiques）の大半はそこに残っていた。だが、学問そのもの（la science elle-même）はもはや存在していなかった。このことはこの国民の精神がそれまでどのように特異な停滞に陥っていたかの説明となった。中国人は父祖の残した道に従うあまり、父祖を導いた道理（les raisons）を忘れてしまったのである。[8]

（同）

すなわち、中国は、永く続き、今も続いているデモクラシーの実例なのである。そして、同時に、アメリカが陥るかもしれない将来像なのである。

現在の中国は、デモクラシーの実例である。そして、アメリカとヨーロッパのありうる未来である――これは、奇妙な議論に聞こえるかもしれない。「欧米は先進地域であり、この時期の中国は明らかに後進国ではないか」といった反論が聞こえてきそうである。しかし、トクヴィルは、明確に次のようにも述べている。中国では、当時、フランスや日本などと異なり、公開された公務員試験（科挙）によって統治者が選抜されていた事実を前提にした記述である。

> 境遇の平等が非常に大きく、また昔からそうである中国では（À la Chine, où l'égalité des conditions est très grande et très ancienne）、試験に受からないとある官職から別の官職へ昇進しない。職歴のあらゆる段階にこの試練があって、この思想は習俗に深く根づいており、私が読んだ記憶のある中国の小説では、主人公は有為転変の挙句、難しい試験に通ってはじめて恋人の心をつかむのであった。(9)
>
> （第二巻第三部第十九章「合衆国に野心家はあれほど多いのに、大望がほとんど見られないのはなぜか」）

「境遇の平等が非常に大きく、また昔からそうである中国」！　トクヴィルは、明確にそう述べている。繰り返しているように、トクヴィルにおいて「デモクラシー」とは、境遇あるいは諸条件の平等を原則とする社会のことである。トクヴィルが、当時の中国を「デモクラティックな社会」であると考えていたことに、疑いはない。トクヴィルは、単純な進歩主義者や発展段階論者ではない。アメリカ合衆国、ヨーロッパ、そして「アジア」の順で「民主化」が進行し、より高い段階へと進歩していくのだ、などとは考えないのである。

しばしばなされている理解と異なり、トクヴィルにおいてデモクラシーとは、単に当時のアメリカの状況ではない。また、単にヨーロッパの将来でもない。当時の中国の現実だったのである。ただし、それは、デモクラシーが、非常に悪い方向に進んだ実例である。すなわち、トクヴィルの理解では、当時の中国は、「専制君主」に支配された「デモクラティックな社会」だった。そして、その政治形態は「専制」だった。まさに、「デモクラティックな専制」« despotisme démocratique » だったのである。

実際、デモクラシーのもたらしうる悪い結果について語る時、彼は、往々、中国を脳裏に浮かべていたようである。例えば、彼は、現在のアメリカでは、政治の集権（la centralisation gouvernementale）が強い反面、行政の集権（la centralisation administrative）が弱いことを好意的に指摘するが、その部分の註で、こう中国に言及している。

中国は、極度に集権化された行政がこれに服する人民にいかなる種類の安楽を提供することができるか、そのもっとも完璧なシンボルであるように私には思われる。旅行者たちが述べるところでは、中国人の静謐には幸福が欠け、その産業には進歩がなく、安定していても力がなく、物理的秩序（l'ordre matériel）は保たれても公共の道義（moralité publique）に欠ける。彼らにあって、いつでも社会はそれなりに運営されているが、見事に運営されることは絶えてない。中国がヨーロッパ人に開放されたなら、ヨーロッパ人は世界中に存在するもっともすばらしい行政的集権のモデルをそこに見出すであろう、と私は想像する。[10]

（第一巻第一部第五章「連邦政府について語る前に個々の州の事情を研究する必要性」「合衆国における行政の分権の政治的効果について」註50）

確かに、中国は高度に中央集権的な行政国家だった。地方の統治は、首都から短任期で派遣される知事（「知県」「知州」）によってなされていた。知事は、行政官であり、税務署長であり、警察署長であり、検察官であり、裁判官だった。独立した裁判所はなかった。知事は、皇帝の代理として、彼の統治する地域の人民の生活が安定して継続し、さらに人民が儒教に合致した道徳的な人生を送るようにする、すべての責任を負っていた。実際、地方官は、往々、「民の父母」と呼ばれた。官僚はすべて男性だが、しかし、「民の父母」だった。[11] 人民を指導して、時には厳しく罰するだけではなく、母のように、優しく慈しみ、世話をすることが期待されていたからである。その意味で、皇帝も、地方官も、両性具有であるはずだった。その統治は、パターナリズム（paternalisme）であり、同時に、いわばマターナリズム（maternelisme）であった。[12]

このような統治は、統治される側の個々人の独立の精神、自律・自治・自由にとって、明らかに危険である。[13] それ故、トクヴィルは、この著において、アメリカとヨーロッパの中国化の危険に対して、警告を発していたのである。彼の語る「アメリカのデモクラシー」の背後には、「中国のデモクラシー」の大きな、暗い影があった。これまでのトクヴィル研究者たちは、このことに十分に注目してこなかったのではないだろうか。[14]

中国史研究者の誰もが知っているように、トクヴィルと同時代の中国、すなわち清王朝においては、征服者であるごく少数の満州族を除き、世襲の身分はなかった。吉川幸次郎氏は、半世紀以上も前に、こう指摘している。

日本人が中国の過去の歴史についておちいりやすいあやまった即断の一つ、そうしてそのおそらくもっとも大きなものは、前世紀までの日本に存在したような世襲身分制の社会が、前世紀までの中国にも存在したとする即断であると思われる。わたくしはこのあやまった即断が案外普遍化しているということを、いろいろの人との会話によって知っている。／なぜそれがあやまった即断であるかといえば、専門家にとっては周知のことなのであるが、中国では家柄によって特権的な身分を世襲する制度は、千年も前の北宋の時代にすでに消滅してしまっているからである。したがってそこには貴族と呼ぶべき家はなかった。長い中国の歴史の全体を通じて、貴族のいる時代がまったくなかったというのではない。四―六世紀の六朝時代には、日本の藤原氏ほど集中的ではないけれども、貴族と呼ぶべき家家があった。つぎの唐の時代つまり七―九世紀は、かつての六朝の社会制度がつぎにきたるべき宋以後の無貴族の社会に移りゆく過渡期であり、したがってまた両様の制度が混在する時期であった。しかし十世紀の北宋以後今世紀にいたるまで、貴族というものは中国にまったく存在しない。……またそこには士農工商あるいは武士・町人・百姓という世襲的身分もなかった。くりかえしていうが、それは北宋以後千年の中国になかったのである。[15]

人口の圧倒的多数を占める漢民族においては、地位と富を代々世襲して社会に君臨する貴族や地方領主などは存在しなかった。[16] しかし、議会も存在しなかった。全国を薄く覆う官僚制の網を構成する統治者たちは、原則として、科挙の試験によって、人民の中から個人として選抜された人々だった。

この試験は、男性であるならば、ほぼ誰でも受験することが可能だった。試験は、主として儒教の古典に関する教養の深さを、論文を書かせることによって確かめるものである。倫理と統治に関する普遍にして不変の真理の示された儒教の古典を、深く、正しく理解している男性が統治者にふさわしい、と考えられていたからである。何段階にもわたる厳しい試験にくりかえし合格すれば、最後に、(建前上)皇帝自身が採点する試験がある(「殿試」)。科挙に良い成績で合格した男性は、政府の中枢に入り、あるいは、地方の知事となって赴任し、皇帝の代理として地域の人民を統治した。[17]

つまり、人民の代表が政治に参与する議会制度はなかったのだが、人民の中から形式上平等な試験によって選抜された男性たちが、その生まれには関係なしに、統治の地位につくという政治体制だったのである。男性である人民の個々人は、形式上は相互に平等だった。貧しい農民の息子であっても、「内閣大学士・軍機処大臣」の地位に就く可能性はあった。トクヴィルの次の言葉は、まさにその状態を記述しているようである。

政治的自由(la liberté politique)がまったくないにもかかわらず、政治社会(le monde politique)にある種の平等(Une sorte d'égalité)が確立することさえある。人は一人を除いて誰もが同胞と平等な存在であり、この一人が区別なしに万人を支配し、万人の中から平等に彼の権力の代理人を選ぶ。[18]

(第二巻第二部第一章「民主的諸国民が自由より平等に一層熱烈で一層持続的な愛着を示すのはなぜか」)

四 「デモクラティックな社会」の特徴

唐王朝（六一八―九〇七年）までの中国には、貴族がいた。唐では、既に部分的に科挙制度が採用されていたが、それさえも利用して、代々高い地位と財産を保持している貴族たちがなおいた。しかし、唐王朝の崩壊後、約半世紀、激しい内戦が続き、従来の貴族たちは消滅していった。その結果、その後に成立した宋王朝（九六〇―一二七九年）は、皇帝による統治を助けるための人材を、平準化した人民の間から選抜する他はなかった。そこで、この王朝は、高級官僚のほぼすべてを科挙によって選抜するようになったのである。これ以降、中国では、モンゴルが支配した一時期を除いて二十世紀初頭まで、科挙制度が機能し続けた。

科挙は、儒学的教養を調べる論文試験である。現代フランスのＥＮＡ（国立行政学院）の卒業生とは異なり、合格者は行政に関する知識を持っているわけではない。実務能力の有無も不明である。しかし、長年にわたる退屈な試験勉強に耐え、多数の受験者の中から、何日もかかる筆記試験で合格した人は、少なくとも勤勉で健康だったであろう。そして、自分の家族の財産と地位を基盤として高官となった貴族と異なり、彼らは、試験によって自分を選んでくれた皇帝や王朝に対して、感謝と忠誠心を抱いている可能性が高かったであろう。しかも、試験によって証明されたはずの儒学的教養は、下級の役人や人民に対して、当人に（「高貴な血」や「家柄」

に代わる）権威を与えた。

宋王朝から最後の清王朝までの中国を、日本や英語圏の多くの歴史家は「近世」（early modern）、すなわち「初期近代」と呼んでいる。[19] そして、この「初期近代中国」は、トクヴィルのいう「デモクラティックな社会」だったわけである。

実際、トクヴィルが描く「デモクラティックな社会」の特色を、この時期の中国はいくつも有している。

例えば第一に、トクヴィルが、『アメリカのデモクラシー』の冒頭で「アメリカ人の社会状態」を論じたとき、真っ先にその重要性を指摘した相続の制度である。

政治を論ずる古今の著作家がこれまで、人間社会の動向を左右する要因として、相続法にもっと大きな力を認めていないのは私の驚きである。たしかに、この法律は民事に属する事柄だが、これこそどんな政治制度にも先行する位置におかれねばならない。なぜならそれは国民の社会状態に計り知れぬ影響を及ぼし、そして政治の諸法は社会状態の表現にすぎないからである。[20]

（第一巻第一部第三章「イギリス系アメリカ人の社会状態」「イギリス系アメリカ人の社会状態の際立った点は、それが本質的に民主的だということである」）

トクヴィルによれば、長子単独相続制度は、「アリストクラシー」の社会に適合している。それによって地位と財産が安定して承継されるからである。一方、デモクラシーの社会には、分割相続が適合する。少なくとも男子の間の分割相続である。兄弟もまた同じ人間として平等だからである。

そして実際に、近世中国では、男子均分相続が確立した慣行であった。[21] しかも、土地の売買は、全く自由であり、実際、頻繁だった。[22] その上、父が広い土地を持っている場合、息子が多い傾向にある。そのような人は妻以外に妾を持っている（普通は妻妾同居である）場合が多いからである。土地は相続の度に細分されていく。こうして、広い土地を持っていて、一時、その地域で大きな影響力を持っていた人の子孫も、速やかに貧困になっていった。

これが、中国のデモクラシーの重要な基礎的条件である。

中国には常に、極めて豊かな人々と極めて貧しい人々がいた。そして、極めて貧しい人々の怨望の爆発も、歴史上頻々と生じた。しかし、どちらも永続的な身分ではない。富裕層と貧困層の間には、不断に流動があったのである。[23]

第二に、第一で述べた条件故に、人々は、経済的な富と高い地位を求めて、懸命に努力した。それらの追求は恥ずかしいことではない。富貴への野心を剝き出しにして、人と接し、人を利用しようとするのは当然のことだった。誰もがそれをしている以上、そうしなければどこまでも転落していくことは確実だ、と思えたからである。そして、得られた富を使って贅沢に暮らすことは、人々の当然の夢だった。その可能性はあるはずだった。実際、「恭喜發財！」とは、正月のお決まりの挨拶だった。その文字通りの意味は、「お金をもうけて、おめでとう！」である。それは、大坂商人の挨拶言葉と言われる「儲かりまっか？」に似ているかもしれない。しかし、さらに、「昇官發財！」も、よく使われた祝福の言葉である。それは、「役人になり、お金をもうけよう！」という意味である。これは、トクヴィルと同時代の大坂商人が決して口にできなかった言葉である。

トクヴィルは、こう指摘している。

平等は世界にとてもよいことをもたらすが、後に示すように、人々に極めて危険な本能を吹き込むことは認識しなければならない。それは人間を互いに孤立させ、誰もが自分のことしか考えないようにさせる。／それはまた人々の心を度外れなほど物質的享楽（l'amour des jouissances matérielles）に向かわせる。[24]

（第二巻第一部第五章「合衆国において、宗教はどのように民主的本能を利用しうるか」）

私がアメリカで出会った市民は、どんなに貧しくとも、富裕な人々の享楽に期待と羨望のまなざしを向け、過去の身の上ではどうにも手に入らなかった財物をいつの日かつかむ想像をめぐらしていた。[25]

（第二巻第二部第十章「アメリカにおける物質的幸福の好みについて」）

第三に、世論の重要性である。

近世中国における地方官の統治を論じて、中国史の大家、宮崎市定氏は、「中国は古来輿論の国なので、大衆の意向を無視しては失敗する」と指摘している（徳川日本については、決して言われないことである）。[26]地方官は、（日本の「御白洲」と異なり）公開である裁判の場での態度・発言や、一般向けの告示や宣伝ビラを通じて、地域の輿論を味方にしようと努力した。[27]人々の意見の動向（「人心」「公論」）が大きな影響力を持ち、彼の実務を担当する下僚たち（彼らの多くは、無給の地元民で、役所を訪れる人々から徴収する手数料などで生計を立てている）の服従の度合いもそれに左右されたからである（彼らは、時には集団で職場放棄さえする）。訴訟の過程や判決も、「人心」の動向によって左右され、かつそれ自身、その動向に影響を与えようとする働きかけの一つでしかなかった。それは、パターナリズム兼マターナリズムである統治の建前と矛盾しない。「民の好む所これを好み、民の悪む所これを悪む。此をこれ民の父母と謂ふ」（『大学』）のである。朱熹がこの句の註で述べるように（『大学章句』）、「民心を以って己の心と為す」ことが「民の父母」の務めであり、「民を愛すること子の如く」であれば「民のこれを愛すること父母の如く」になるはずである。「民」は「父母」に従うべきであるが、「父母」もまた「民」の意向、世論に従うべきなのである。結局これは、官と民とが、そして民の間でも、相互に追随を要求する影響力の競い合いを現出させることになる。

中国法制史家の寺田浩明氏は、「相場としての法」（！）と題して、こう述べている。

> 地域社会は影響を与える人とその影響を受けて行う振舞いに満ち満ちていた。結局ここにあるのは、個々の人心およびその集合体が事実として移り変わり、また事実としてそこに止まっている一状態と、それに対する官民の諸主体による各種各様の働きかけであった。／それは我々の言葉で言えば制度的な「法」というより、むしろ遙かに「相場」と呼ばれるものに近い動きをしている。效尤［引用者註―他人の「悪事」に見習って自分も「悪事」をすること］事例に典型的なとおり、ここでは個々の人間は、現今周囲の相場を参照して自らの振舞いを決める主体であると同時に、また逆に自らの振舞いを通じて相場を変化させてゆく主体でもあった。相場変動は誰かの突出的な行動と人々の事実的追従によって起こることもあったが、民の誰かが積極的に「説」を述べて「唱首」し、周囲の人々がそれに「百和」する中で広がってゆくこともあった。そして国家＝地方官もここではその相場形成の一アクターとして働いた。時には実力介入の予告（「口先介入」）だけで相場変動が起こることもあるが、時には実際に実力介入を行っても何も変わらない（かえって相場に「浴

びせ倒される」）こともあった。[28]

既述のように、トクヴィルは、デモクラシーの社会では、確乎として聳え立つ権威がなくなるために、結局、「共通の意見がもろもろの権力の中でも第一のもの、そしてもっとも抵抗し難い権力のようになる」「世論の外にあって、その攻撃に長く抵抗することのできるほど強力な拠点はなにもない。このことは一人の専制君主に服する民主的な国民にあっても、共和国の場合に劣らず真実である」（第二巻第一部第五章「合衆国において、宗教はどのように民主的本能を利用しうるか」）と指摘していた。

「法」もまた、その時々の一種の「世間相場」でしかなくなった近世中国の状況は、まさにその究極の実例ではないだろうか。

第四に、近世中国には、不断の変化と永続性が、併存していた。流動的状態が持続していたのである。

徳川日本とは大きく異なり、人々が、社会的に上昇したり、下降したりする「縦の流動性」も、人々が地理的に移動する「横の流動性」も、大きい社会だった。[29]

しかし、その間、同じ父方の先祖を持つ人々を同族とする家族制度、男子均分相続を基本原則とする相続制度は、変化していない。各王朝の政治制度は、元代の一時期を除き、ほぼ同様である。十四世紀末に成立した刑法典（「明律」）は、清代の終わり、つまり二十世紀まで、ほぼそのままで、形式上、妥当し続けた。[30] そして、その間、同じ漢字が用いられた。知識人は、その間、ほぼ同じ文体の古典中国語で文章を書いた。そして、各王朝は、それに先立つ前王朝の詳しい歴史を、同じ形式と文体で編纂した。その歴史には、無数の人々が登場し無数の事件が起きるが、それらを表面的に読むならば、結局、すべてが無限の反復であるような印象を受ける。

そして、それこそが、トクヴィルによれば、デモクラシーの特色だった。彼は、「合衆国の社会の様相はどれほど騒がしく、同時にまたどれほど単調であるか」と題してそれを論じ（第二巻第三部第十七章）、さらに、同第三部第二十一章でこう述べている。

> 合衆国で驚くことが二つある。人間行動の大半がめまぐるしく動いていることといくつかの原理が驚くほど固定的なことである。人間は絶えず動きまわり、人間精神はほとんど動かぬように見える。[31]
>
> （第二巻第三部第二十一章「大きな革命が今後稀になるのはなぜか」）

以上は、ヘーゲル（一七七〇－一八三一年）が、『歴史哲学講義』*Vorlesungen über die Philosophie der Geschichte* で描いた中国の姿とかなり似ている。

皇帝をのぞくと、中国には本来いかなる特権階層も貴族もありません。王家の皇子たちや宰相の息子たちにはいくつかの特権がありますが、それも、家柄によるというより地位によるものです。それ以外は、すべての人が平等で、能力のある人が政務にたずさわります。だから、高位顕職につくのは学問を積んだ人で、そのことから、中国の国家は、しばしば模範的な理想国家と見なされます。……中国は絶対平等の国であり、そこにある区別はすべて行政上の区別――各人が行政職で高い地位に就こうとして追いもとめる、位階にもとづく区別です。中国には、平等はあっても自由はないから、政治形態は専制政治とならざるをえない。(32)

歴史のつたえるところ、中国は最古の国家であり、しかも、その共同体の原理は、この国にとっては、最古の原理であると同時に、最新の原理でもあるのです。すでに見たように、中国が歴史に登場したときのありさまは、いまとかわらない。というのも、客観的な存在とそのもとでの主観的な運動との対立が欠けているために、そこではいかなる変化も生じようがなく、わたしたちが歴史と名づけるもののかわりに、永遠におなじものが再現するからです。(33)

しかし、ヘーゲルと異なり、トクヴィルは、これを単純に「専制」とは呼ばなかった。「デモクラシー」と「専制」との結合だと考えたのである。そして、ヘーゲルと異なり、それを人類史の初期状態とも考えなかった。それを、遙か遠方の異質な他者として済ませようともしなかった。これは現代アメリカの一面であり、さらに、ヨーロッパの未来像かもしれない。そう、憂慮したのである。[34]

五　中国の革命（一九一一―）

中国大陸の中心部で何世紀にもわたって続いてきた「デモクラティックな社会」に対する皇帝の支配、それが一九一一年の秋に、終わった。そして、「民国」すなわち« république »の成立が宣言された。

なぜ、そのような革命が起きたのだろうか。

二十世紀の初めにおいて、「デモクラティックな社会」の根底をなす分割相続制度が揺らいでいたわけではない。父系の連鎖によって形成される家族・宗族の制度も続いている。そして、革命の前にも後にも、富と地位を争う激しい競争は、続いている。

つまり、永く続いてきた社会の原理の変動の結果として、皇帝支配が終わったわけではない。また、それまで社会的には有力になってきたものの、政治的にその意見が反映されなかったある身分が反逆して、新しい支配身分になったということでもない。そのような身分はなかったのであるから。

しかし、半世紀以上にわたって次々に失政を重ね、威信を喪失して危機にあった王朝政府が、十九世紀末以来、生き残りのために改革を始めた。それが、結局、自己の崩壊を招いたのである。改良の試み、改革、期待と不満の同時膨張、その結果の崩壊。トクヴィルも指摘した、(35)歴史上、繰り返されている政治的過程である。

特に重大だったのは、一九〇四年を最後として、科挙制度が廃止されたことである。

それは、第一に、中国の「デモクラティックな社会」において地位と富を目指すための、最も重要な競争のルールが変わったことを意味する。その結果、権力を用いて人民を苦しみから救いたかった良心的な人々も、自分が先頭にたって「民族」の「恥」を「雪」ぎたかったナショナリストも、高い地位を得て権力と富を獲得したかった野心家も、これまでとは違う方法を、懸命に模索することになった。その結果、外国への留学生が急増し、それによって学んだ西洋近代国家のあり方を模範とする意識が高まった。王朝が少数の異民族の王朝であることをことさらに強調して、漢「民族」の復権を求める急進派も登場した(「滅満興漢」)。

科挙制度の廃止は、第二に、儒教が政府と一体化して君臨していた地位を失ったことを意味する。儒教の教えを自明の真理と考えていた人々の一部も、政治と倫理について、根本的な再考を始めた。一九一九年から始まった五・四運動では、儒教を全面的に否定する主張が若い知識人たちによって唱えられ、大きな反響を呼ぶに至った。

なぜ、そのような自己破壊的な改革がなされたのだろうか。

それは、いうまでもなく、産業革命を経て強大な軍事力と経済力を有するようになったヨーロッパ諸国の圧迫の結果である。一八六〇年と一九〇〇年には、首都北京が外国軍によって占領されたのである。しかも、ヨーロッパだけではない。一八九四–五年には、東方の野蛮人に過ぎなかったはずの日本と戦争をし、敗北したのである。それが、特に大きな衝撃を知識人と官僚——この二つの社会層は、中国ではかなり重なっている——に与えた。そして、既に深い幻滅の対象だった王朝ではなく、「民族」や「国」への忠誠心が喚起された。茫漠と広がっていた「天下」が、「民族」として、また、諸国と対峙し抵抗する「中国」として、明確な輪郭を持つようになり、それと自己を重ね合わせる意識が強まったのである。[36] こうして、日清戦争は、これまでのやり方をそのまま維持することはできないと思わせる重要なきっかけとなった。

つまり、この革命は、トクヴィルのいう意味でのデモクラシーが崩壊したのではない。そうではなく、「デモクラティックな社会」の外から、それを管理してきた政府の権威を失わせる大きな力が働き、それへの対応のために、「デモクラティックな社会」自身が、観念上の凝集力を増し、「下」から、もはや頼みにならない（満五歳の幼児を皇帝としていただく）政府から離反して、それを崩壊させたのである。

その後は、「デモクラティックな社会」を構成してきた「民族」を繁栄させる新しい政治形態はいかなるものかを巡って、模索が続いた。なかなか、うまく行かなかった。暴力も蔓延した。そのため、従来の「社会」さえ、そして、それを持続せしめてきた「文化」や「精神」さえも変革しなければならないのだ、という超急進的な思想すら生まれた。その結果、日本軍の大規模な侵略とそれに伴う混乱も一因となって、一九一一年の革命開始時には予想もできなかった帰結が生じた。共産党の支配の確立である。

では、なぜ、周辺の野蛮な小国だったはずの日本が中国と戦争を遂行し、しかもそれに勝利しうるような国になったのだろうか。

それは、無論、中国革命の四十年余り前に日本で革命が起き、急速に西洋の「文明」を学んで、国内の大改革がなされたからである。

では、なぜ、日本で革命が起きたのか。それが次の問題である。

六　日本の革命（一八六七―）

日本で起きた革命すなわち明治革命[37]は、基本的には、トクヴィルが理解したフランス革命と同様の理由で起き、同様の結果をもたらした革命であろう。フランス革命について、トクヴィルは、その『旧体制と大革命』で、こう述べている。

異なる時期に、様々な国において一時的にその様相を変化させたあらゆる事件とそれ［フランス革命］とを区別し、それ自体を考えるならば、次のことが明確になる。それは、この革命は、その結果として、何世紀も続いてほとんどのヨーロッパ諸人民を全面的に支配してきた、通例封建制という名（le nom d'institutions féodales）で呼ばれる政治制度を廃絶し、諸条件の平等を基礎とする、より画一的で単純な社会と政治の秩序（un ordre social et politique plus uniforme et plus simple, qui avait l'égalité des conditions pour base）に換えた、ということである。(38)

すなわち、第一に、「諸条件の平等」、すなわち、彼のいう「デモクラシー」の実現である。世襲身分制度を廃止し、すべての国民――実は男性だけだが――が、同じ「市民」となって平準化されることである。第二に、そのような「デモクラティックな社会」を基礎として、その上に、中央集権的な政治統合がなされることである。

明治革命においても、まさに、その二つが起きた（一方、中国では、いずれも古くから実現していたことである）。

十七世紀以来、日本は、世襲の武士身分によって統治されていた。武士たちの組織である軍隊が、そのまま統治組織となって、町人や農民などを支配していた。

しかし、統治身分である武士自身の内部で、徐々に不満が高まった。特に下層の武士においてである。彼らは、軍人のはずだったが、二世紀以上、一度も戦争をすることなく、原則として世襲を続けていた。軍人としての誇りは持っていたが、それに実質の伴っていないことは明らかだった。しかも、特に下層の武士は、経済的に困窮していた。その上、武士身分の内部にもあった世襲身分制によって、いかに有能な男性でも、その地位の上昇は困難だった。誇り高く、しかも、貧しく、しかも生きる意味の見出しにくい彼らにおいて、特に身分制度への不満がつのった。そこで、武士らしさを一挙に取り戻し、戦争で活躍し、「英雄」となり、身分を上昇させる――そのような危機待望が、彼らの間で高まった。特に十八世紀末から近海に頻々と姿を現わすようになった欧米の船は、そうした彼らを奮い立たせ、彼らの敵愾心を煽った。

そのような国内状況があった時に、一八五三年、最新鋭の二隻の蒸気船を含む四隻のアメリカ合衆国の軍艦が、江戸の町の正面にまで侵入し、強硬な態度で、港を開くように要求した。そして、それを日本政府が受け入れた後、今度は、着任した領事が、強硬かつ巧妙に貿易の開始を要求した。

多くの下層武士たちは、それへの対応を見て、欧米諸国に対して卑屈だとして政府に反撥した。そのような反撥を政府は抑えようとしたが、その結果、彼らは政府への反感を一層強めた。やがてそれは、政府への憎悪と軽蔑になった。そして、彼らが主導して、ついには、政府を打倒してしまったのである。現に、新しく成立した政府の主要な指導者のほとんどが、以前の下層武士だった。これは、主に、身分制度の中で不満と怨念を鬱積していた支配身分下層の人々が起こした革命だったのである。

　新政府は、成立すると直ちにその統治の基本方針五項目を誓い、発表した（一八六八年。いわゆる「五箇条の御誓文」）。その第三条は、「官武一途庶民ニ至ル迄、各其志ヲ遂ゲ、人心ヲシテ倦マザラシメンコトヲ要ス」である。これまで、人々の心は倦んでいた。しかし、これからは、誰でもその生まれに関わりなく、その人生の志望が実現できるようにする、ということである。それは、結局、世襲の身分制度を廃止し、「デモクラティックな社会」を実現するということである。

　それは、表現は大きく違うが、フランス革命における「人の権利と市民の権利の宣言」（一七八九年八月二十六日）第六条と、趣旨は同じである。

> 法は、保護する場合にも、処罰する場合にも、あらゆる者に対して同一である。あらゆる市民は、法の眼の前では平等であるので、その能力にしたがい、その徳と才能の差異以外の差別なく、平等に、あらゆる公の顕職・職位・雇役に就くことができる。
>
> Elle[La loi] doit être la même pour tous, soit qu'elle protège, soit qu'elle punisse. Tous les citoyens, étant égaux à ses yeux, sont également admissibles à toute dignités, places et emplois publics, selon leur capacité et sans autre distinction que celle de leur vertus et de leurs talents.

この二つの宣言が明瞭に示すように、この「平等」は、結果の平等ではない。「志」「徳」「才能」などの差異によって、それぞれに出世する可能性がある、という意味での「平等」である。人がその生まれついた身分に縛り付けられることなく、自分の選択と努力によって志望する地位を得る可能性を開くということである。その意味で、この「平等」は、個人が自分の才能などを実現する「自由」をも意味する。実際、新時代に最も影響力のあった知識人、福沢諭吉は、それを「自由」の実現であると述べ、明治革命は「自由」のための革命だったと説明した（「国権可分の説」一八七五年[39]）。

その意味で、明治革命は、フランス革命と同じく、（その実現の程度には、いくらでも留保がありうるが）「自由」と「平等」の革命だった。

第二に、新政府は、地方を世襲的に支配していた領主身分を廃止した。そして、（中国のように）権力を中央政府に集中し、地方には中央政府から知事を派遣するように改めた（実際、それは、当時の中国のようになる変革として、「封建」制から「郡県」制へ、と説明され、理解された。それ故、新しい行政単位の名は、当然中国風に「県」となった）。そして、武士身分自体を廃止し、武士の特権を廃止した。身分制度に不満を蓄積していたかつての下層武士たちは、結局、自己の身分をも破壊したのである。そのため、軍隊も、世襲身分によるのではなく、徴兵制に基づく「国民軍」に変えられた。世襲身分制度の廃止と同時に、政治的・行政的・軍事的な中央集権化が、急速に進められたのである。

そして、さらに、五つの基本方針の第一条は、周知の通り、「広ク会議ヲ興シ、万機公論ニ決スベシ」である。これを一つの動力源として、徐々に政治の民主化が進んだ。徳川体制崩壊後二十三年で議会制度が設立され、[40]次第に有権者の拡大がなされ、一九二五年には、男子普通選挙制度が成立した（そのさらに後に何が起きたかは周知の通りだが）。

トクヴィルが述べたフランス革命と明治革命の類似は、明らかである。それは、それに先立つ社会が、ともに「アリストクラシー」であって、類似していたことの結果である。そして、この二つの革命と、中国革命とが性質を異にするのは、中国が「アリストクラシー」ではなく、既に、行政的集権を伴う「デモクラシー」であったことの結果である。「デモクラシー」への転換は、中国では十世紀に起き、それに約八百年遅れてフランスで起きた。そして、それに約八十年遅れて日本で起きたのである。

しかし、一方で、強大で機動的な軍隊を可能にする産業革命は、フランスを含むヨーロッパで先に起きた。その結果、それに対応するために、まず、日本がすみやかに自己変革を遂げ、国民国家と国民軍を組織した。それは、日本社会が、「デモクラシー」ではなかったための脆弱さ、不安定さを内蔵していたことの結果である（日本人は、元来、中国人などより賢く機敏であったから、などではない）。そして、その日本が、今度は、中国に挑戦し、中国を強く刺戟した。「デモクラシー」が既に実現していた中国は、自己変革に頑強に抵抗したが、ついに耐えきれず、二十世紀になって、政体を変革した。

七　おわりに

要約しよう。

フランスでは、社会がアリストクラシーで、政治は、形式上、絶対王政だった。そこでは、社会のデモクラシー化と、政治のデモクラシー化が、同時に追求された。社会と政治の同時変革である。これは、容易なことではない。二重の抵抗が起き、利害関係が複雑に錯綜するからである。その結果が、一七八九年以後、ながく（少なくとも、約一世紀）続いたジグザグの歴史だった。

日本では、社会がアリストクラシーで、政治は連邦制的だった。United States of Tokugawa と呼ぶ研究者もいる。しかも、連邦の頂点が形式上二つあった。そして、明治革命は、まず、形式上その一つに頂点をまとめ、その上で、連邦制度を破壊した（「廃藩置県」）。中央集権化が実現したわけである。ついで、世襲身分制度を（ほぼ）廃止した。社会のデモクラシー化が推進されたわけである。そして、その後、徐々に政治のデモクラシー化が進んだ。

中国では、社会がもともとデモクラシーだった[41]。政治は、フランスの「絶対」王政よりも既にはるかに（政治的かつ行政的に）中央集権的な専制だった。そして、この社会的デモクラシーの中に生きてきた人々が、長く続いた西太后の「垂簾聴政」によって実際上は皇帝不在だった政治体制を、政治への不満故に破壊した。そして、形式上も皇帝のいない、新しい政治体制を建設しようとした。しかし、日本などの外国の干渉や侵略もあってなかなかうまく行かず、結局、共産党の支配が確立した。

現状を見てみよう。中国は、ふたたび「民主的専制」に戻ったようである。[42] ただし、この「民主的専制」には、近世中国のそれと大きな違いがある。それは、「専制」がさらに徹底した反面、政治指導者と高級官僚を選出するための、広く開かれた制度、科挙が、そこには存在しないことである。

以上が、トクヴィルの「デモクラシー」論を手がかりにした、三つの革命を比較する仮説群である。

これは、一つの大きなまとまりとしての「近代」(la modernité) が、まずヨーロッパで実現し、次に日本で、そして中国で、という順序で実現してきたという、しばしば抱かれている歴史観とは、異なる。したがって、三つの革命の歴史的意味の理解も、大きく異なる。

歴史は、しばしば思い描かれている通念に比べ、トクヴィルが示唆したように、より複雑で、そして、より意外性に富んでいるのではないだろうか。

註

（1）Keith Michael Baker, *Inventing the French Revolution: Essays on French Political Culture in the Eighteenth Century*, Cambridge University Press, 1990, 1-11. Patrice Gueniffey, *Histoire de la Révolution et de l'Empire* , Les Éditions Perrin , 2013, 15. 松浦義弘「フランス革命史研究の現状」（山﨑耕一・松浦義弘編『フランス革命史の現在』山川出版社、二〇一三年）一四－一六頁。

（2）本章の主な内容は、シンポジウム Tocqueville and East Asia : Reception and Relevance（二〇一五年九月、早稲田大学）において、"The French, Meiji and Chinese Revolutions in the Conceptual Framework of Tocqueville" と題して発表した。これは、その後、*The Tocqueville Review*, Vol.XXXVIII No.1 (2017) に収録された。さらに、これに若干の修正を加え、"Tocqueville et les trois révolutions : France (1789-), Japon (1867-), Chine (1911-)" と題して、コレージュ・ド・フランスにおいて講演した（二〇一八年六月四日）。その原稿が、同年六月三十日の日仏会館におけるシンポジウムでの発表の基となった。本稿は、その発表原稿にさらに修訂を加えたものである。その間にいただいたコメント・御質問に深く感謝する。

なお、トクヴィルを手がかりに考えるという発想は、松本礼二『トクヴィルで考える』（みすず書房、二〇一一年）から学んだものである。

（3）『アメリカのデモクラシー』からの引用は、松本礼二訳『アメリカのデモクラシー』（岩波文庫、四冊、二〇〇五－二〇〇八年）による。但し、適宜、原語を挿入する。また、念のために、プレイアード叢書版によって、巻・部・章と頁を記す。「／」は、引用文における段落を意味する。以下も同じ。

『アメリカのデモクラシー』第一巻上、九頁。*De la démocratie en Amérique*, Bibliothèque de la Pléiade, Éditions Gallimard,1992, (Introduction), 3.

（4）松本訳、第二巻上、三一頁。*De la démocratie en Amérique* (II, I, 2) , 522.

（5）松本訳、第二巻上、五五頁。*De la démocratie en Amérique* (II, I, 5), 537-538.

(6) 松本訳、第二巻下、二六三頁。*De la démocratie en Amérique* (II,IV, 7), 840.

(7) 松本訳、第二巻上、八七頁。*De la démocratie en Amérique*,(II, I, 10), 557-558.

(8) 松本訳、第二巻上、八七－八八頁。*De la démocratie en Amérique*, (II, I, 10), 558.

(9) 松本訳、第二巻下、一四六頁。*De la démocratie en Amérique*, (II, III, 19), 762-763. なお、ここにいう「中国の小説」とは、おそらく、『玉嬌梨、別名　双美奇縁』であろう。同書は、トクヴィルとも交際のあったジャン＝ピエール・アベル＝レミュザ Jean-Pierre Abel-Rémusat (1788-1832) によるフランス語訳が翻訳・刊行されていた (*Iu-Kiao-Li, ou les Deux cousines*, Paris, Moutadier, 1826)。この二十章からなる長編の「才子佳人」小説において、主人公、蘇友白は、科挙に上位合格し、最後に、めでたくいとこ同士である二人の女性（！）と結婚する。この小説は、ヘーゲルの『歴史哲学講義』第一部「東洋世界」第一篇「中国」でも言及されている。ヘーゲル『歴史哲学講義』（長谷川宏訳、岩波文庫、上、一九九四年）二〇九頁。フランス語訳は、（明らかな誤訳もあるが）逐語的な、概ね正確な訳であり、しかも、長大な解説と懇切な註も付されている。当時の中国社会を理解するための、よい参考になったと思われる（ところで、現在の欧米や日本で「デモクラシー」や「アメリカ」を論ずる知識人が、清代中国の長編通俗小説を読むことがあるだろうか。彼らよりもトクヴィルの方が、前近代中国社会の理解において的確であったとしても、おそらく不思議ではない）。トクヴィルにおけるこの小説の意義については、以下でも指摘されている。Françoise Mélonio, "Tocqueville, La Chine et le Japon (Introduction)" in *The Tocqueville Review*, Vol.XXXVIII, No.1, 2017, p.9.

(10) 松本訳、第一巻上、三四八頁。*De la démocratie en Amérique* (I, I, 5), 101.

(11) 古くは、『詩経』「小雅、南山有台」に「楽只君子、民之父母」と、そして『書経』「泰誓上」にも「元后作民父母」とある。『孟子』「梁恵王上篇、滕文公上篇」でも「民父母」の責任が強調されている。そして、一般に地方官を「父母官」と呼び、清代の地方官自身、そのような表現を頻用する。例えば、参照、山本英史『赴任する知県――清代の地方行政官とその人間環境』（研文出版、二〇一六年）一八－一九、四四、一一〇、一二五、一七五、一九一、一九八、一九九、二四一、三二四頁。

(12) ちなみに、イギリス国王も、フランス国王も「国民の父」と呼ばれ、そう描かれることはあった。Cf. Linda Colley, *Britons: Forging the Nation 1707-1837*, Yale University Press, 1992, 46, 231. Lynn Hunt, *The Family Romance of the*

French Revolution, University of California Press, 1992, 17-52 (2 The Rise and Fall of the Good Father). しかし、これらの国王が、同時に母であるとされることはないのではないか。

(13) ただし、明代・清代において圧倒的な権威を持つ正統思想として君臨した朱子学においては、自己の内なる普遍妥当の「天理」に拠って立ち、「中に主有りて、自らを治ること厳」（朱熹『論語集注』雍也第一章）、「心に主有れば、すなわち能く不動」（朱熹『孟子集注』公孫丑上篇第二章）という態度を重んずる。「特立不倚」「自立」「其の内に主とする所有り」なども、朱子学者らしい賛辞である（例えば、真徳秀『大学衍義』巻第十六、巻第九、巻第四。これは、「小朱子」と呼ばれた宋代の朱子学者が皇帝のために執筆し、献上した書である）。統治者の側はそのような精神を堅持すべきなのである。

(14) 例えば、Jianxun Wang, "The Road to Democracy in China: A Tocquevillian Analysis" in Aurelian Craiutu and Sheldon Gellar (eds.), *Conversations with Tocqueville: The Global Democratic Revolution in the Twenty-first Century*, Lexington Books, 2009. も、近世中国が既に「デモクラティックな社会」だったことには全く触れていない。ただし、現代フランスの代表的なトクヴィル研究者、フランソワーズ・メロニオ氏は、トクヴィルにおいて、中国が「早熟のデモクラティックな社会の例」であったことを認めている。Françoise Mélonio, "Tocqueville, La Chine et le Japon(Introduction)", in *The Tocqueville Review*, Vol.XXXVIII, No.1, 2017, p.9.

(15) 「中国における教養人の地位」（一九六〇年）、『吉川幸次郎全集』第二巻（筑摩書房、一九六八年）四二五−四二六頁。「……」は引用者による省略を意味する。以下の引用文においても同じ。

(16) しかし中国にも、それぞれの地域に「郷紳」と呼ばれる有力者がいたのではないか、という疑問があるかもしれない。確かに彼らは、その「財産と教養」（それと結合した科挙のある段階までの合格歴や、官歴）を基礎とする社会的威信を有した。しかし、それも安定的なものではない。岸本美緒氏は、それを、相場に左右される株価に喩えている。「人々が郷紳を保護者として選ぶとすれば、その基準は、土地所有や国家権力との繋がりそのものではなく、それらの要素が地方社会における実際の保護能力としていかに現れているか、という点にほかならないであろう。郷紳が口をきけば多くの人がそれに従うという予測、郷紳が多少の横車を押しても人々はその勢力を恐れて逆らわないであろうという想定、それらが、郷紳を頼りになる存在たらしめているのである。換言すれば、郷紳のもとに多くの人々が結集し、皆が郷紳を勢力ある存在と認識している、というそのことが、郷紳の保護能力を生み出し、またそれゆえに人々は郷紳のもとに結集する。人々が郷紳のもとに結集するのは、人々が郷紳のもとに結集するからである。これは明らかに循環論法だが、郷紳の多様な存在形態を整合的に解く一つの糸口になるかもしれない。／それは、たとえば株式市場での投機と似ている。人々が有望株に投資するとき、株価はあがって投資者は利益を得るが、その利益の根源は、多くの人々がその株に投資するというそのこと自体にある。「これが有望株である」という共通認識と、それに多くの人々が投資するであろうという予測と、その予測に基づいた実際行動とが、株価をあげてゆくのである。科挙に合格することは、当時の人々の共通認識のなかで「有望株」のお墨付をもらうきっかけの一つである。多くの人々が「有望株」との結びつきを求めて結集し、そのこと自体が郷紳勢力を形成してゆく。そして株が値下がりを始めれば、人々はその株を棄てて新しい有望株へと乗り換えてゆくのである」（岸本美緒「明清時代の郷紳」、『明清交替と江南社会——17世紀中国の秩序問題』東京大学出版会、一九九九年、五二一五三頁）。

（17）科挙制度については、参照、宮崎市定『科挙史』（平凡社、一九八七年）、同『科挙——中国の試験地獄』（中央公論社、一九六三年）。

（18）松本訳、第二巻上、一六八頁。*De la démocratie en Amérique* (II, II, 1), 608.

（19）初めに宋代の画期性を指摘し、それ以後を「近世」と呼んだのは、無論、内藤湖南である。

（20）松本訳、第一巻上、七七―七八頁。*De la démocratie en Amérique* (I,I,3), 52.

（21）滋賀秀三『中国家族法の原理』（創文社、一九六七年、八二―二八六頁）。小林一美『中華世界の国家と民衆』下巻、第二部第四章「家産均分相続の文化と中国農村社会」（汲古書院、二〇〇八年、一一五―一四二頁）。寺田浩明『中国法制史』（第一章　人と家　第一節　家　3家産分割　兄弟均分の原則」（東京大学出版会、二〇一八年、二三―二五頁）。

（22）寺田浩明『中国法制史』「第二章　生業と財産　第一節　管業　1土地売買の頻度」（東京大学出版会、二〇一八年、四五―四七頁）。

（23）小林一美氏は、こう指摘している。「中国前近代社会に於ては、「官僚階級が支配階級であった」と言うことができる。しかし、この官僚は一代限りの特権だけを保障されるのであって、その子孫は家産均分制によって、ほとんど必ずと言ってよいほど一般人民の中に埋没する運命にあった。中国の国家は、個々の旧官僚が没落すると、一般人民の中から科挙試験に合格した者を新たなる官僚として抜擢するという、絶え間なき新陳代謝を繰り返して維持されてきた。こうして、特定の家柄の者、特定の階級の者が、支配身分を獲得して権力の場に長期に居座るのを防止したのである。このように中国の王朝国家は実に柔軟にして、「官僚層と人民を絶えず平均化し、循環化する」という強力な装置を持っていたのである」。前掲、小林一美『中華世界の国家と民衆』下巻、一四二頁。

(24) 松本訳、第二巻上、四八頁。*De la démocratie en Amérique* (II, I, 5), 532-533.

(25) 松本訳、第二巻上、二二五頁。*De la démocratie en Amérique* (II, II, 10), 643.

(26) 藍鼎元『鹿州公案――清朝地方裁判官の記録』(宮崎市定訳、平凡社、一九六七年) 一五〇頁。

(27) 例えば、藍鼎元前掲書一八五―一八九頁には、集団で納税を拒否している一族を孤立させるために、地方官が県内に広く頒布した文章の実例が引用されている。

(28) 寺田浩明『中国法制史』(東京大学出版会、二〇一八年) 三〇四―三〇五頁。註16で引用した岸本美緒氏の「郷紳」の「力」の説明と同じ「相場」の比喩が、ここでも登場していることに注目したい。おそらく「デモクラシー」が徹底した社会では、すべてがその時々の「世間相場」で決まるのである。

(29) 小林一美氏は、次のような明清時代の「俚諺」を紹介している。「富三代を出でず (富不出三代)」「百年で土地は三家に転ず (百年土地転三家)」「千年で土地は百主を換える (千年土地換百主)」「千年で田地は八百主を換える (千年田地換八百主)」。前掲、小林一美『中華世界の国家と民衆』下巻、一三三頁。

(30) 滋賀秀三『中国法制史論集―法典と刑罰』(創文社、二〇〇三年) 二八四頁。しかも、「明律そのものが、多分に唐律を吸収して成ったもの、いわば唐律の改訂版であった」(滋賀秀三「あとがき」、律令研究会編『譯註日本律令五　唐律疏議譯註篇一』東京堂出版、一九七九年、三四二頁)。

(31) 松本訳、第二巻下、一六五頁。*De la démocratie en Amérique* (II, III, 21), 775.

(32) ヘーゲル『歴史哲学講義』(長谷川宏訳、岩波文庫、上、一九九四年) 二〇七―二〇八頁。

(33) 同書、一九五頁。

(34) この憂慮には根拠があった。いわゆる重農主義者やサン・シモン主義者たちが、そのような中国を理想としてしきりに説いていたからである。トクヴィルは、彼らをこう批判している。「民主的専制 le despotisme démocratique と呼ばれる暴政 la tyrannie の特殊な形態は、中世には知られていなかったものであるが、彼らには既におなじみである。社会にはもはやヒエラルキーはなく、明確な階級もなく、固定した序列もなく、ほぼ同様で完全に平等な個人からなる人民、すなわち雑然たる大衆が唯一の正統な主権者と認められ、……彼らの上に、彼らの意見を聞くことなしに彼らの名において一切の事をなす任務を負った唯一の守護者がいる。……彼らの近くではこの理想に合致すると見える状態を見いだせないので、彼らは、アジアの果てまでそれを探しに行く。彼らの著作のどこかで中国に対するおおげさな賛辞がないことはないといって過言ではない」。Alexis de Tocqueville, *L'Ancien Régime et la Révolution* (III, IV), Bibliothèque de la Pléiade, Éditions Gallimard, 2004, 190-191.(『旧体制と大革命』小山勉訳、筑摩書房、一九九八年、三四二─三四三頁。ただし、本書の訳文は、必ずしもこの訳によらない)。実際、例えばフランソワ・ケネーは、その『中国の専制』*Despotisme de la Chine* (1767) において、「中国の国制は、賢明で取り消されることのない法に基礎づけられ、皇帝はそれを守らせ、また自ら正確にそれを守る」などと褒め称えている。*Œuvres économiques et philosophiques de F. Quesnay*, Jules Peelman, 1888, 564.

(35)「経験の教えるところでは、悪しき政府にとって最も危険な瞬間とは、通常、それが改革を始めるときである。……不可避のものとして堪え忍んできた悪は、それから逃れうるという考えが浮かんだ時から、耐えがたいものになる」。*L'Ancien Régime et la Révolution* (III, IV), 202.(小山勉訳『旧体制と大革命』三六二頁)

(36)その経緯については、例えば次を参照。吉澤誠一郎『愛国主義の創成――ナショナリズムから近代中国をみる』(岩波書店、二〇〇三年)。

(37)そもそも「明治維新」は「革命」なのか、という疑問を持たれる読者が、いまだにおられるかもしれない。しかし、「明治維新」は、政治体制や社会制度のみならず、法律・司法・経済・教育・学問・風俗・言語(文体と語彙)から、暦法と時間の数え方まで、すべてを変えたのである。この不可逆的な大変革、歴史の急激な転換点を革命と呼ばないで、いったい何が革命なのだろうか。大規模な「民衆」の蜂起がなければ「革命」とは呼べないというのは、ロマン的な幻想に囚われた態度ではないだろうか。「民衆」の蜂起と変革があっても、結局は一過性の徒労だったと見える事件も多い。また、逆に「名誉革命」は民衆の蜂起など伴わない。「実質的には、名誉革命は、「人民」の蜂起などではなく、地域の貴族たちに支援された、冒険的な外国君主とその傭兵軍によるクーデタであった」(Paul Longford, *The Eighteenth Century, 1688-1815*, Oxford University Press, 2002, 36.)。問題は、実現した改革の規模と内容であろう。「明治維新」は「革命」にはあたらないというのであれば、むしろ、その「革命」の定義が不適切なのではないか。

ちなみに、この変革を直接に目撃したイギリス外交官、アーネスト・サトウは、the Revolution of 1868 と呼び、戊辰戦争を the war of the revolution と呼んでいる。Ernest Satow, *A Diplomat in Japan* (1921), Stone Bridge Press, 2006, 19. Also, see 59, 61, 78, 130, 143, 157, 177, 195, 198, 202, 270, 274, 424. 彼の同僚だった Algernon Bertram Mitford も、同様である。Hugh Cortazzi (ed.), *Mitford's Japan: Memories and Recollections 1866-1906*, Japan Library, 2002, 11, 12, 39, 58, 60, 64, 94, 126, 145.

また、明治期には、日本人も「維新革命」等の表現を、よく用いている。例えば、竹越與三郎『新日本史』中(一八九二年刊)「(一)維新革命に関する根本思想及び皇位性質の変遷」「(二)社会的革命、思想界の三分鼎足」「維新革命の性質の社会的の変動なること、已に論じたる如くなれば、尊王也、攘夷也、佐幕也、討幕也、公武合体也、唯だ是れ此の大変革の波濤の上に浮びたる雑木浮草に過ぎず」(『明治史論集(一)(明治文学全集七七)』(筑摩書房、一九六五年、一二三、一四二、一四三頁)、徳富蘇峰『吉田松陰』(一八九三年刊)「題して『吉田松陰』と云ふも、……或は改めて『維新革命前史論』とするも不可なからむ」「彼は維新革命に於ける、一箇の革命的急先鋒なり。若し維新革命にして伝ふ可くんは、彼も亦た伝へさる可らず」(『徳富蘇峰集(明治文学全集三四)』筑摩書房、一九七四年、一五九、一六一頁)、山路愛山『現代日本教会史論』(一九〇六年刊)「維新の革命は総体の革命なり。精神的と物質的とを通じての根本的革命なり」(『基督教評論・日本人民史』岩波文庫、一九六六年、八頁)。

また、近年では、Meiji Restoration(いわば「明治王政復古」)という奇妙で、誤解を招きやすい呼称を避け、the Meiji Revolution と呼ぶ英語圏の研究者も増えている。Marius B. Jansen, *The Making of Modern Japan*, Harvard University Press, 2000, 333-370 (11 The Meiji Revolution), Andrew Gordon, *A Modern History of Japan from Tokugawa Times to the Present*, Oxford University Press, 2003 (Part 2 Modern Revolution, 1868-1905). いずれも、英語による代

表的な大学生向け日本史教科書である。

(38) *L'Ancien régime et la Révolution* (1856) (I, V), 68.（小山勉訳『旧体制と大革命』一二五―一二六頁）

(39)『福澤諭吉全集』第一九巻（岩波書店、一九六二年）五二五―五三八頁。

(40) ちなみに、この段階的変革を、塚原靖（渋柿園、嘉永元（一八四八）年生）は、「神武天皇以来二千五百何十年、政治上においては封建が郡県になって、ソレが再び立憲になった。実に大変な変化である」と評している。塚原渋柿園『幕末の江戸風俗』（岩波書店、二〇一八年）一八〇頁。

(41) フランス絶対王政については、「絶対王政は社団的編成に立脚し、中間団体を媒介にすることによって支配を実現していた点にその特質があり、このような構造は革命に至るまで基本的には変らなかったと思われる……」という指摘がある（二宮宏之「フランス絶対王政の統治構造」、『全体を見る眼と歴史家たち』平凡社、一九九五年、一九五頁）。王も容易には介入できない「自由」と称する特権を有する諸団体が割拠し、それらに依拠して王政が成立していたわけである。しかし、近世中国には、そのような社団はない。個々人を囲い込むとともに、個々人を守る、特権を持った中間団体がないのである（秘密結社は、個々人にとってやや似た意味を持つが、勿論、その存在は公認されない）。中国史家の岸本美緒氏は、同書の「解説」において、フランスと対照的な「「社団」を媒介にせぬ中華帝国の秩序の「自由さ」と、それと表裏する「特権としての自由」の欠如」を指摘している（同書四一二頁）。

(42) ちなみに、トクヴィルは、こう述べている。「この点は考慮に値する。すでに一人の人間の力によって行政の集権が確立し、法律同様、習慣にもそれが根づいているような国に、万一にも、合衆国のような民主的共和政が樹立されることがあれば、私は、そのような共和国では専制がヨーロッパのいかなる絶対王政よりも耐えがたいものとなるであろうと言って憚らない。これに似たものを見出すにはアジアに赴かねばなるまい」（『アメリカのデモクラシー』第一巻第二部第八章「合衆国で多数の暴政を和らげているものについて」）（松本訳、第一巻下、一六八頁。*De la démocratie en Amérique* (I, II, 8), 301-302.）。

第四章　比較史の中の明治維新

ピエール＝フランソワ・スイリ（三浦信孝訳）

本章では次の三つの問題について考えてみることにする。
一、「明治」について語るとき、何を問題にするのか
二、明治維新は他の何と比較できるか
三、明治維新を理解する上で何が核心と思われるか

一　「明治」について語るとき、何を問題にするのか

一八六七年十一月の大政奉還を受け、一八六八年一月三日の王政復古の大号令は江戸幕府を廃止して天皇親政を宣言し、歴史の大転換の合図となった。同年十月二十三日に京都御所から発せられた改元の勅書により、一八六八年一月二十五日に遡って慶応四年を明治元年とすると

定められ、新体制は明治維新の名で呼ばれることになる。前年二月に皇位を継承していた明治天皇は即位したとき満十五歳だった。

この時から、特に西洋で、明治とは「啓蒙の政府（gouvernement des Lumières）」だという最初の意味の取り違えが生じた。実際には、明治という元号は中国の古い表現であって、ヨーロッパの「啓蒙の政治（gouvernement éclairé / enlightened rule）」という概念とは無縁であった。天皇親政の新時代の元号を選んだとき、京都御所の伝統的な暦の専門家たちは十八世紀ヨーロッパの「啓蒙」を全く知らなかったのである。それまでの元号と同様、彼らは漢籍を渉猟して彼らの意に沿う表現を選んだ。明治の場合には『易経』の中の一節「聖人南面して天下を聴き、明に嚮ひて治む」から採ったのである。[1] こうして新時代を指す「明治」の名は、ちょうど西洋語で「啓蒙の政治」を意味する元号になった。

二つ目の意味の取り違えは、維新を restauration（復古）と呼ぶことである。

「維新」は中国で王朝が交代するときに、更新、再生、[2] 再編を意味する古い中国語表現に対応する。[3] 中国最古の詩集『詩経』には、王朝が殷ないし商から周に代わったとき「維新」の表現が見られる（「周は旧邦なりと雖も、其の命維れ新たなり」）。明治維新はしたがって「光に向けて更新された政府」の意味に翻訳すべきだろう。維新は刷新、再生の観念に送り返されるので、明治維新を「Restauration de Meiji / Meiji Restoration」と訳すのは意味の取り違えである。

では、「復古」ではなく「革命（révolution）」はどうか。

「革命」の語が採用されなかったのはおそらく、「革命」があまりに下からのラジカルな変革運動を思わせるので回避されたのだろう。明治維新は下層武士階級が主役だったが、あくまで「上からの」ラジカルな変革運動たらんとしたのだった。もっとも、一歩譲って、十九世紀の半ばには「維新」と「革命」の違いはそれほど大きくなかったと言うこともできるし、明治二十年代には「維新革命」という表現も生まれている。[4] いずれにせよ、「維新」の意味はrestauration（復古）よりもrévolution（革命）に近い。

ただし、「明治維新」という表現は一八六九年以後に定着したのであって、その前には「御一新」というよりラジカルな表現がよく使われていたことに注意しよう。王政復古の大号令や一八六八年四月に天皇が天地神明に誓うかたちで布告した五箇条の御誓文には「御一新」に近い表現が見られる。[5] 御一新は、旧来の陋習を一掃し、刷新、改革するという意味である。「一新」という表現は、幕末から維新にかけて頻発した「世直し一揆」や、一八六七年に東海や近畿、四国で起こった「ええじゃないか」騒動とも間接的に結びついている。一新に「御」がついているのは、暗にこれらの変革が神々の意思によって起っていると思われたからだろう。[6] 以上のことから、明治維新よりも明治一新のほうが、変革のより正確な呼び方だったように思われる。

一方、福澤諭吉は明治八年刊の『文明論之概略』で、「革命」の語と並べて「革命復古」という表現を使っている。[7]「復古」の語はまた王政復古としてよく使われる。しかしこの語にも特別のコノテーション〔連想による二次的意味〕がつきまとう。あたかも理想化された起源の状態が時代を経て劣化したかのように、事態の刷新が古い秩序への回帰として提示されるからである。秩序を変更するのに復古の語を使うと、変更を正統化することができる。Restaurationはフランス語では一八一五年の王政復古を喚起するので反動的ニュアンスを持つが、明治維新の場合、復古は必ずしも反動的ニュアンスを帯びない。

最初から明治のラジカルな変革を示す「維新」の解釈には大きな混乱があった。私としては明治維新を「Rénovation Meiji」と訳すのが、日本語の原義にいちばん近いように思う。

明治維新から一世紀半を経た今日の日本で、明治の名称がニュートラルな文脈で使われているわけではないことを指摘することは意味のないことではない。明治維新を王政復古として描くことは、[8]言うまでもなく天皇に対する尊敬を意味する「尊皇」運動の重要性を強調することになる。その場合、暗黙のうちに、明治の大変革を復古の側面を優先的に提示することになり、封建的身分制の廃止など社会変革の側面を否定ないし過小評価することになるだろう。

二　明治維新は何と比較できるか

人類学者のマルセル・デティエンヌは、その著『比較できないものを比較する』[9]で、歴史家が一般に比較を拒否し、比較をごく限られた概念にしか適用しないという悪しき傾向を批判している。歴史家は比較できるものしか比較しないというのである。[10] 紀元前五世紀におけるアテネとテーベの政治的習俗を比較するとか、十一世紀と十二世紀におけるノルマンディーと南イギリスの政治構造を比較するとか、サンドマングとキューバの奴隷制プランテーションの経営システムを比較するなどは、我々に何も教えないか、類型論を打ち立て分類する以外に大したことは教えない。

もっと広角的な構造比較を躊躇してはならないと主張するデティエンヌは、集会（assemblée/assembly）の実践を例に、紀元前五世紀のアテネとエチオピアのオチョロ族とロシアのドンコサック族という思いもかけない比較を敢行する。ナショナルヒストリーに閉じこもってきた歴史家は「例外性の文化（culture de l'exceptionnalité）」にとらわれており、今や例外性の文化から抜け出るべきだというのである。

では、フランス革命と明治維新の比較はどうなるだろうか。比較していけないことはなさそうだ。しかし、比較が的を射た比較になるためには、比較を多角化する必要があるだろう。渡辺浩が本書第三章で、明治維新とフランス革命の比較に中国革命（一九一一年）を加えて比較を行ったのは、多角的比較の見事な例である。[11] なぜ比較の多角化が必要か。それは、世界のどこか（たとえば一七八九年のフランス）で起こった事件や現象を純粋化しモデル化して提示し、それを他の似通った現象と比較するのは、意識的にせよ無意識的にせよモデルを基準に比較する危険をおかすことになるからである。比較の基準となるモデルをつくりあげ、比較の対象がモデルと一致するか一致しないかを計測し、モデルと比べて何が欠けているかを指摘する「欠如史観（lack history）」に陥ってしまう。[12] この方法は、モデルとして構築されたケースと比較される対象のあいだにイデオロギー的バイアスを導入するだけで、我々に大したことは教えない。

明治維新を他と比較する場合、ヒューリスティック（発見術的）な概念を引き出すためには、一八六〇年代から一八七〇年代にかけてのクロノロジカルな局面に注目することができる。この十数年のシークエンスにおいて、二種類の現象があらわれており、これを比較できるように思われる。

第一の比較可能な現象は、下層階級の解放にかかわる。

一八六一年のロシアの農奴制廃止

一八六五年のアメリカの奴隷制廃止

これら二つの解放の事例は、一八七一年の日本における身分制廃止と比較できる。[13] 封建的身分制度の廃止には「民衆の解放」という決定的に重要な側面がある。しかしながら、ロシアの農奴制廃止もアメリカの奴隷制廃止も明治の身分制廃止も、差別されてきた当事者自身による解放ではない。中央政府が、ロシアの場合は皇帝アレクサンドル二世の改革が、アメリカの場合は南北戦争での北部ヤンキーの勝利が、日本の場合は明治の新政権が発布した太政官令が、この解放を実現した。

第二の比較可能な現象は、国民国家建設にいたるプロセスである。まさにこの年代にイタリアとドイツと日本において新しい国民国家が出現した。一八六〇年と一八七〇年のあいだにイタリアではウィーン体制下での諸国分裂状態から脱出するためにリソルジメントの統一運動が起こり、一八六一年イタリア王国が成立、一八七〇年に教皇領の併合が行われ国家統一が完成する。一八六六年と一八七一年のあいだにプロイセンによるドイツ統一が、普仏戦争におけるプロイセンの勝利につづくドイツ帝国（Reich）の成立によって実現する。

イタリアとドイツのこれら二つの現象は、日本で一八七一年の廃藩置県による国家統一のプロセスと比較できるだろう。一八六九（明治二）年の版籍奉還で各藩は版（封土）と籍（領民）を朝廷に返上したが、藩主はそのまま知藩事として藩（旧大名領）の統治にあたっていた。二年後の廃藩置県の詔により藩が廃止され、知藩事に代わって中央政府が任命する県令（のちの知事）が各府県の行政を行うことになった。これにより幕藩体制の封建制に代わる集権的群県制によって、王政復古以来の国家統一プロジェクトが完成した。(14)

結局、幕末から維新にいたる動きには国家的独立（indépendance nationale）の側面があり、十九世紀末から二十世紀はじめにかけての過渡期における明治の日本（一八六八―一九一二年）は、西欧列強（grandes puissances）の領土拡大というグローバリゼーションの新しい波を受けた特別な一時期の枠組みの中に位置づけることができる。(15)

日本社会内部の変革の動きは、おそらく、一八五〇年代に始まり開国後加速化した日本の世界秩序への包摂（connexion）の直接的結果と言えるだろう。世界秩序への編入は、内外の力関係の認識にもとづき、一八五〇年から一九〇〇年にかけての日本について多くの日本の歴史家が「緊急性」とか「危機意識」をキーワードに表現する論理の枠組みで行われた。一八五三年の黒船来航以来の緊迫する情勢を前に、急激な政治体制の変革と社会組織の再編が図られた。明治維新とはおそらくまず、そして何よりもまず、それなのである。

以上を要約すれば、一八六〇年代から七〇年代の時期の明治維新は、世襲身分制の廃止による民衆解放（社会改革）と統一国家建設（政治改革）の二重のプロセスとして理解される。明治維新を世界史の中に位置づけるならば、近代世界の革命にはさまざまに異なるロジックが働いていることが確認できる。

一方には、一七八九年のフランス革命、一八〇四年のサンドマングのハイチ独立革命、一九一七年のロシア革命、一九三六―三七年のスペイン革命など、民衆アクターの登場と結びついたラジカルな形の革命がある。他方には、ラジカルな変革ではあるが、民衆の暴力的介入を伴わない、エリート層の交代による、比較的犠牲者の少ない革命の形態がある。一七七六年のアメリカ独立革命、一八二〇年代のラテンアメリカの独立革命、ガリバルディによる一八六〇年代のイタリア革命、あるいは一九八九年から一九九一年のソ連のペレストロイカがそれにあたる。

明治維新はあきらかに後者のタイプに属し、それが犠牲者数の相対的少なさを説明する。

しかしながら、明治維新の改革による社会変革は、一七八九年に始まるフランス革命が行ったいくつかの政策に比較できるラジカルな変革だった。[16]

三　明治維新を理解する上で何が核心と思われるか

明治維新の成功を説明する上でもっとも重要なファクターを三つあげたいと思う。

第一のファクターは、日本の近代化は一八五〇年代の西洋人の到来以前に始まっていたことである。歴史人口学者の速水融は、江戸時代（一六〇三―一八六七年）の日本における「経済社会」の誕生を「勤勉革命（industrious revolution）」によって説明した。「勤労エートス」を培う元になった先端的職人仕事によって、産業革命（industrial revolution）に先立つプロト工業化を説明したのである。「勤勉革命」のコンセプトはのちにヤン・デ・フリースによって有名になる。[17]西洋でも日本でも、プロト工業化は農民層の漸進的プロレタリア化を伴って進行する。一八二〇―三〇年代に、大坂周辺で、繊維業の最初のマニュファクチュアが出現した。機械と工場の所有者が多く女性を含む農民を労働者として雇って操業する工場制手工業の誕生である。

この現象はそれだけでは必ずしも大きな歴史的意味を持たないかもしれない。ところが江戸時代のプロト工業化は、他方で教育水準の向上と広範な思想の流通を伴っていた。さまざまな分野で批判的知の潮流と学問的好奇心が発達し、国中いたるところで都市を中心に藩校や寺子屋や私塾が増え、十八世紀末には真の「文字社会」が生まれていた。

第二のファクターは、中国起源の思想が前述の各地の学校を通し日本社会にかつてないほどの規模で浸透したことである。いたるところで中国思想が論語孟子などの古典を通して教えられた。別の言い方をすれば、日本のプロト工業化は、蘭学を通しての西洋思想よりも儒教的思考様式の広範な普及を伴っていた。明治をつくった人々は儒学のカテゴリーで思考したのであり、これは幕末のサムライから二十世紀はじめの最初の社会主義者まで、[18] 恒常的現象だったのである。

明治の日本における儒教の強い影響を示す例として、中国の有名な作家魯迅が語るエピソードを紹介しよう。魯迅は、儒教的思考様式の影響から自由になり、中国を近代化する方途を理解するため一九〇二年に東京にやってくるのだが、儒教が日本で復活しているのを目の当たりにして驚く。[19]

その〔留学の〕目的を達して入学した処は嘉納先生の設立した東京の弘文学院で……或日の事である。学監大久保先生が皆を集めて言ふには君達は皆な孔子の徒だから今日は御茶の水の孔子廟へ敬礼に行かうと。自分は大に驚いた。孔子様と其の徒に愛想尽かしてしまったから日本へ来たのに又をがむ事かと思って暫く変な気持になった事を記憶して居る。さうして斯様な感じをしたものは決して自分一人でなかったと思ふ。[20]

（魯迅「現代支那における孔子様」）

文明化による近代化への歩み、国民国家の軍事的成功と重工業の発展は、一八九〇年代はじめにおける保守的な道徳精神の勝利の結果として理解できる。思想の分野では、この段階での日本の近代化は、西欧化よりも儒教思想の復活と再編によるところが大きい。魯迅の困惑はまったくもって理解できる。儒教思想は、十八世紀末以来発達した国学にイデオロギー的起源を持つ排外的ナショナリズムと結びついて復活した。明治のはじめに和魂洋才を唱えた者たちが勝利したのである。

明治維新成功の第三の決定的ファクターは、公共的討議すなわち「公論（opinion publique）」の発達である。表現の自由を求めて闘い、やがて第四の権力に成長するプレスの登場がこれを支えた。[21] また多くの結社（associations）がつくられ、自由民権運動を盛り立てる。明治維新の成功は、数多くの結社がつくられ、五箇条の御誓文のプログラム「広く会議を興し、万機公論に決すべし」に実質を与えたことによる。

公論の発達と並んでもうひとつ重要なのは、明治の歴史過程の中に認められる、マイナーではあるが抵抗と反乱の執拗な伝統である。十九世紀末までに洗練された法的およびイデオロギー的装置を整備した国家が押しつける目標を拒否し、反逆する伝統である。言い換えれば、歴史の軌跡の上に公論による批判的公共圏が生まれ拡大して、現代ドイツの哲学者ハーバーマスが近代性の指標とした「市民社会」の誕生が日本の近代化を下支えした。この運動は日本社会の深部から生まれたのであって、外から輸入したものではない。社会内部からのこの自生的運動が日本の近代史を貫き、日本の近代化に貢献した。[22]

日本から二十世紀の歴史を振り返ると（そこに比較史の意味がある）、ヨーロッパ近代の偶然的性格に光があたり、西洋近代が唯一の近代性ではないことが明らかになる。

今から三十年前までは独自性（unicité）や例外性（exception）のタームで考えられた日本の経験は、二十一世紀はじめの今日その真の姿であらわれてくる。その真の姿とは、日本列島だけでなく東アジア諸国の大部分にあてはまる開発プロセスの前衛という姿である。[23]

国民国家の建設、技術進歩、経済成長への歩みとして理解される近代化は、生産システムや思考様式の西洋化の形を取るが、しかし西洋化による近代化は部分に過ぎない。西洋啓蒙思想の信奉者は傍系に追いやられ、明治政府は憲法が発布された一八八九年を境に保守的姿勢を強め、江戸時代に発達した儒教道徳と国学思想を時にないまぜに参照しつつ「近代的」公式イデオロギーを構築する。[24]

こうした上からの改革を推進する「国権（prérogatives de l'Etat）」の擁護は、反対勢力の一部が要求した民主的防護壁たる「民権（droits du peuple）」の制度化に優先して行われた。民権の制度化とは、一八六八年の勝者である西南雄藩の藩閥独裁に対抗する議会制度の確立である。議会はようやく一八九〇年に開設されるが、強大な政府・官僚機構に対する立法府の権限は限られたものだった。[25]

日本の場合、天皇制国家の頂点で政・官・軍の権力を独占した西南雄藩の旧士族出身者が、国家独立のための闘いとして近代化（革命？）プロセスを加速させた。明治以後の日本は本稿の範囲を超えるが、植民地拡大を競う西洋列強、南下政策を進めるロシアの社会主義革命、辛亥革命後の国民党による中国統一の動き、ワシントン体制下のアングロサクソンの覇権が、次々に日本の独立をおびやかす脅威として認識され、「文明化」の課題と不可分の要件として反対勢力が要求する「民権」ないし「民主主義」の確立を二義的課題として後回しにする傾向を生んだ。[26]

日本の政治的対立はまさに明治期の国権対民権の闘いの延長上にある。日本の近代化は西洋化によって説明されてきたが、維新革命には、少なくとも西洋化と同じだけ反西洋化のロジックがはたらいていた。日本の近代化は西洋の受容と同じだけ西洋による支配への抵抗だった。

註

（1）聖人が北極星のように顔を南に向けてとどまることを知れば、天下は明るい方向に向かって治まるという意味。過去の改元の際に、「明治」は江戸時代だけで八回候補として勘案されているが、通算十一度目にして採用された。岩倉具視が松平慶永に命じ、菅原家から上がった佳なる勘文を籤にして、宮中賢所で天皇が自ら抽選した。出典は『維新史』第五巻（維新史料編纂事務局、一九三九年―一九四一年）三六八―三六九

頁。〔著者からの教示による〕

(2)「再生」と訳したRégénérationはフランス革命期によく使われたキーワードのひとつで、三谷博は『明治維新を考える』(初版二〇〇六年)で明治維新の英訳はMeiji Regenarationがふさわしいとしている。以下の註は、断らない限り訳註である。

(3)中国では古来の政治思想により、王朝の交代を「易姓革命」と呼んでいた。

(4)明治二十年代から活躍し始めた徳富蘇峰や竹越與三郎(三叉)が「維新革命」という呼称を好んで用いたことについては、苅部直『「維新革命」への道』(新潮選書、二〇一八年)四八頁および第二章を参照。

(5)王政復古の大号令には「旧弊御一洗」や「百事御一新之折柄」の表現がある。五箇条の御誓文には「旧来の陋習を破り」とか「我国未曾有の変革」という表現があるが「御一新」は見当たらない。御誓文と同時に天皇が布告した「御宸翰」には「今般朝政一新の時にあたり」とか「一新の効をはからず」など「一新」の表現が使われている。

(6)「御一新」の表現について、著者スイリは前田愛『幻景の明治』(朝日選書、一九九七年)八―一六頁を参照しているが(Cf. Pierre-François Souyri, *Moderne sans être occidental*, Gallimard, 2016, p.57)、三谷博氏から以下のコメントが寄せられた。

《「一新」の用法ですが、「一新す」と動詞的に使われた幕末の日常語で、「改める」というシンプルな意味です。したがって、維新よりラジカルという解釈は成り立ちません。また、「御一新」が明治元年から使われ始めたというのは正確な認識ですが、「御」の意味は違います。江戸時代を通じて、政府の役職や行動には必ず「御」の字が冠されました。御勘定奉行、長崎御奉行という具合です。したがって、これが神々との関係を暗示するというのは誤解です。「御一新」は王政復古と明治政府による一連の国制改革を指す語で、それだけのことです。民衆運動の中で使われることもありましたが、神々とは関係がありません。》

(7)『文明論之概略』初版一八七五年、『福澤諭吉全集』第四巻、八二頁、岩波文庫版一〇八頁。

(8)英語圏の歴史家が明治維新をMeiji Restorationと表現してきた代表例として、William G.Beasley, *The Meiji Restoration*, Stanford University Presse, 1972(再版2018)。〔原注〕

(9)Marcel Detienne, *Comparer l'incomparable*, Paris, Seuil, coll. Points, 2009 [2000]. デティエンヌはベルギー生まれ

の古代ギリシャ研究者で比較人類学者。関連書として *L'identité nationale, une énigme*, Paris, Gallimard, coll. Folio Histoire, 2010がある（いずれも未訳）。

（10）ピエール・スイリは、二〇一八年六月二十八日の日仏会館講演「日本史とフランス史――比較できないものを比較する」で、比較研究の方法として、マルク・ブロックが『封建社会』（一九三九年）で試みたヨーロッパ域内の封建社会の比較と、アフリカニストの人類学者・川田順造の「文化の三角測量」と、デティエンヌの『比較できないものを比較する』の三つをあげている。そのデティエンヌは同書の第一章で、歴史学はもともとナショナルな学問であるのに対し、人類学は常に異文化間の比較を旨としてきたとして、マルク・ブロックの一九二八年のオスロ講演『比較史の方法』（講談社学術文庫）を取りあげ、同時代における近接した社会間の比較史の限界を指摘する。

（11）本書第三章の渡辺浩論文を参照。渡辺はトクヴィルのデモクラシーの定義（「境遇の平等（égalité des conditions）」）にもとづき、通念的クロノロジーを逆にして中国と日本とフランスの革命を比較している。

（12）lack historyとは、トルコや日本のような非西洋の国の歴史記述において、モデル化された西洋近代と比較して近代化の歪みや発展の遅れを強調する見方を指す英語表現。〔原注〕

（13）「穢多非人ノ称ヲ廃シ身分職業共平民同様トス」と定めた明治四年八月二十八日の太政官布告による。

（14）中国の古代王朝以来、周朝の分権型「封建制」と秦朝の集権型「群県制」の二つの統治システムがあることは、江戸時代の儒学者たちのよく知るところだった。儒学の伝統の中で育った維新の指導者たちは、幕藩体制の「封建制」に代えて「群県制」による中央集権的国家統一を推進した。〔原注〕

（15）著者はこの時期を「帝国主義」と呼んではいないが、ホブソン、レーニンの帝国主義論に先駆けた幸徳秋水の『二十世紀之怪物帝国主義』は一九〇一年の刊行である。

（16）著者が「社会変革」の「いくつかの政策」と限定をつけているのは、王殺しの革命か天皇の権威を利用しての改革かという政治変革における違いをカッコに入れているからと思われる。

（17）「勤勉革命」は速水融が一九七六年の社会経済史学会「新しい江戸時代史像を求めて」での報告で打ち出したコンセプトで、速水は一九七九年の論文「近世日本の経済発展とindustrious revolution」などでこれを発展させ、さらに英語論文Akira HAYAMI, « A great transformation : Social and economic change in sixteenth and seventeenth century Japan » (*Bonner Zeitschrift für Japonologie*, 8, 1986) を発表したため、ヤン・デ・フリースが注目し一九九四年の論文 Jan DE VRIES, « The industrial revolution and the industrious revolution » (*Journal of Economic History*, 54-2, 1994) でこれをヨーロッパ経済史に適用し、De Vries, Jan (2008), *The industrious revolution: consumer behavior and the household economy, 1650 to the present.* New York: Cambridge University Press で完成させた。

(18) 最初の社会主義者とは、ルソーの『社会契約論』を漢訳した中江兆民の弟子だった幸徳秋水や、幸徳とともに一九〇三年に平民社をつくり『共産党宣言』を共訳した堺利彦を指す。

(19) 魯迅は一九〇二年に官費で日本に留学し、弘文学院の二年を経て仙台医専に学ぶが、医学から文学に転じて一九〇九年に帰国、辛亥革命後の現実に幻滅し、一九一八年の『狂人日記』で作家として出発する。弘文学院は一八九六年、清国が留学生派遣に際し日本政府にその教育を依頼したので、政府は高等師範学校校長で柔道家でもあった嘉納治五郎にこれを一任して設立した。

(20) 竹内好「中国の近代と日本の近代」(一九四八年)、竹内好『日本とアジア』(ちくま学芸文庫、一九九三年)五一頁。湯島聖堂は一六九〇(元禄三)年に江戸幕府五代将軍徳川綱吉が儒学振興のために建てさせた孔子廟である。

(21) 明治初期の日刊紙には一八七一年から七五年にかけて創刊された「横浜毎日新聞」「東京日日新聞」「郵便報知新聞」「朝野新聞」「東京曙新聞」がある。福澤諭吉は自由党、立憲改進党、立憲帝政党の機関紙が出揃った一八八二年に不偏不党を標榜する「時事新報」を創刊する。中江兆民は一八八一年に西園寺公望とともに「東洋自由新聞」を創刊し主筆になるが政府の妨害ですぐ廃刊になり、保安条例で東京を追われた一八八八年に大阪で「東雲新聞」を創刊する。

(22) 明治期における公論の発達をよく示すのは、一八八〇年代はじめに五十以上の私擬憲法が書かれたことである。植木枝盛の「日本国憲法按」のような先端的憲法案から、匿名に近い著者による「五日市憲法」(民衆史の色川大吉が一九六八年に発見した)まで、来るべき憲法をめぐる活発な討議が行われた。

(23) 今から三十年ほど前は一九八〇年代末にあたり、日本文化の特殊性によって日本社会の発展を説明する日本人論の完成期にあたる。戦後の日本文化論の変容を「否定的特殊性論」から文化的相対性の認識を経て「肯定的特殊性論」への転換として分析する青木保の『日本文化論の変容』は一九九〇年で終わっている。

また、日本を東アジア諸国の経済成長と近代化の先駆的モデルとする議論は、一九六〇年代はじめのW・W・ロストウの『経済成長の諸段階――一つの非共産主義宣言』（邦訳は一九六二年）と、一九六二年に駐日アメリカ大使として着任した歴史家エドウィン・ライシャワーの「近代化論」がひとつの転機になったと思われる。

(24) この点で一八九〇年に発布される教育勅語の成立過程は象徴的である。明六社の同人でサミュエル・スマイルズの『西国立志編』を翻訳した中村正直の最初の草案を法制局長官の井上毅が批判して、憲法の起草にもあたった井上自身が儒学者で明治天皇の侍講だった元田永孚の協力を得て最終案をまとめ、国務大臣の副署を必要としない天皇の勅語として発布された。三谷太一郎『日本の近代とは何であったか』（岩波新書、二〇一七年）第四章を参照。

(25) 帝国議会は二院制で、貴族院議員は勅選により、衆議院議員は十五円以上の税金を収める約四十五万人の有権者（成人男子の一パーセント）による制限選挙によって選ばれた。しかし、帝国議会の両院の上に天皇の最高諮問機関として枢密院が置かれており（初代議長は伊藤博文）、三谷太一郎はこれを「枢密院を最上院とする三院制」と形容している（前掲書第三章一五四頁以下）。

(26) デモクラシーの訳語としていつから「民主主義」が定着したかは調査が必要だが、大正デモクラシーを理論的に支えた吉野作造は、国民主権を思わせる民主主義の語を避け、立憲君主制の枠組みの中で民権の実現を図る「民本主義」を唱えた。

補章　日本の歴史学におけるフランス革命像

――フランス革命二百周年記念国際大会報告

柴田三千雄・遅塚忠躬（福井憲彦訳）

一　原像ないしプロト・イメージ

はじめに言っておく必要があるのは、日本におけるフランス革命像は、そのプロト・イメージというべき原像から現在のものに至るまで、いずれもが、日本における近代開始をしるした明治維新との比較対照によって形成されていた、という点である。

日本におけるフランス革命の学問的研究は、第二次世界大戦後になって、高橋幸八郎の業績とともに開始された。その高橋の業績を理解するためには、それに先立つ状況について認識しておく必要がある。というのも、戦時中に彼が研究を始めたときにはすでに、フランス革命の原像とでもいうべきものが、一九三〇年代に日本の歴史家や経済学者たちによって形づくられていたからである。それらの学者たちは、来るべき日本革命の戦略に関するイデオロギー的な議論や、明治維新のとらえ方をめぐる学問的論争に、加わっていたのであった。

第一次世界大戦後、ロシア革命の影響のもとに、日本の知識人世界にもマルクス・レーニン主義が深く浸透してきた。そこで、（一九二二年に非合法的に結成された）日本共産党の随伴者でありたいと望んだ経済学者や歴史家たちは、来るべき日本革命のための方針をうちたてようと取りかかったのであった。その作業のためには、同時代の日本社会の構造分析をするだけではなくて、その出発点をなした明治維新の歴史的性格を理解することが必要であった。まさにこのような状況において、一九二〇年代末から、日本のマルクス主義者たちの間に活発な論争が巻き起こった。そしてこの「日本資本主義論争」と呼ばれた論争の中でこそ、フランス革命が議論の対象とされたのである。明治維新の歴史的性格をしっかり理解するためには、その他のブルジョワ諸革命との比較、とりわけフランス革命との比較は必要不可欠と見なされたからである。

この論争では、二つのグループ、ないしは「学派」が存在した。ここではその概略をつかんでおくことにしよう。一方の「労農派」と呼ばれたグループによれば、明治維新はいかに不完全であろうとも本質的にブルジョワ革命であった。したがって日本社会の現状は（すなわち一九二〇年代、三〇年代の日本は）、古くからの諸要素が残存しているとはいうものの、ブルジョワ資本主義社会である。したがって、来るべき日本革命はプロレタリア革命でなければならない。他方、「講座派」と呼ばれたもう一つのグループは、それとは反対に、明治維新は上から課せられた一改革に過ぎないのであって、農業における旧来の体制（アンシアン・レジーム）を踏襲しつつ、天皇の絶対主義的権力を樹立したものととらえた。したがって現状の日本社会は、ブルジョワ的な外見にもかかわらず、半封建的な農地制度によって本質的に条件づけられており、来るべき日本での革命は二段階となるであろう。すなわち、まずブルジョワ民主主義革命が起こり、それに続いてプロレタリア革命が生じるであろう。このように考えていた。

現在では、我々は次のように考えることができる。明治維新は詰まるところブルジョワ資本主義社会の到来をしるしたのであって、半封建的な絶対主義体制を告げたわけではない。そのように、明治維新に近代的性格を認めた「労農派」の方が正しかった、ということである。別の言い方をすれば、明治維新以後の日本社会における旧来の要素の存続を「講座派」は過剰評価してしまった、といえるかもしれない。しかし、こうした欠陥にもかかわらず、世界のさまざまな近代社会に関して比較研究をするには、今日においてなお、この「講座派」の議論からこそ我々は貴重な教訓を引き出すことができる。それに関して、ここでは三点ほど以下に指摘しておこう。

第一に「講座派」は、社会変革の二つの道筋を区別してくれた。すなわち、下から生じる革命の道筋（イギリスの場合や、特にフランスの場合）と、上から課せられてくる改革の道筋（ドイツの場合や、特に日本の場合）である。そして、こうした変革の道筋の違いからくる不可避的な結果として、資本主義社会形式の相違について「講座派」は力説していた。社会形式の相違へのこうした着目は、当時たいへん重い意味を持っていた。というのも、その相違からこそ、第二次世界大戦における連合国と枢軸側諸国との対立が結果していたからである。

第二に「講座派」は、社会変革期における農地問題の重要性を強調してくれていた。すなわち、農業における旧来の土地制度の存続ないし再組織化の中に、明治維新後の日本社会特有のあり方の鍵を「講座派」は見出していたのである。この鍵が見出されたのは、まさしくフランスの場合との比較によってであった。すなわち、明治維新における領主制の廃止は補償金と引き換えに行われており、したがって、貧困化した農民は狭い自有地を売って、大規模な寄生地主の支配下で、極小規模の借地農または分益小作農となるしかなかった。それに対してフランスでは、領主制は一七九三年に無償で廃止され、解放された農民は小規模な自有地を確保し続けられただけでなく、国有財産とされていた土地の購入によって、それを拡大することもできたのである。農地問題の重要性に関するこのような指摘は、第二次世界大戦後の日本において農地制度があらためて改革されざるを得なかっただけに、いっそう重要であった。

第三に「講座派」は、近代社会における経済と政治の関係について、深く思考を巡らした。そうして、次のように指摘したのであった。明治維新以後の日本では、天皇のもとにおける一種の絶対主義が、かなり急速な工業化と併存していた。その点からも、資本主義的な工業と寡頭支配的ないし絶対主義的な権力とは、併存しうることがわかる。それが可能であった理由は、上から課せられた改革だったからである。これを別な角度からいえば、日本では「文化革命」が欠落していたのである。反対にフランスにおいては、民衆や農民といった多くの人々によって支えられた民主主義的革命であったがゆえに、刷新された政治文化と、近代化された経済が、ともに歩を進めることができたのであった。経済と政治をめぐるこのような問題は、現在でも日本人が、一九六〇年代以来の急速な経済成長にもかかわらず、「伝統的」政治文化の中にどっぷり浸かっているだけに、より重要だと言わなければならない。したがってこの問題については、この報告の第三部において再論することにしたい。

こうした議論とともに、フランス革命に関する原像が明治維新との比較対照によっていかに形成されていたか、理解できるものと思う。「講座派」の代表者の一人、平野義太郎は、フランス革命の社会経済的内容を、次のようにまとめていた。すなわち、フランス革命は下から生起した、ブルジョワ的であると同時に民主主義的な革命の「古典的な」類型をなしており、一七九三年において完璧に農業改革をなしとげ、それ以降、政治的民主主義に基礎づけられた国家権力を再組織化したのである、と。[1]

こうして、同時にブルジョワ的かつ民主主義的な革命としてのフランス革命、という原像が、「日本資本主義論争」の過程において「講座派」によって定式化されたのであった。そしてまた、ここにおいて、日本における歴史研究の特徴の一つを見て取ることができる。すなわち比較の手法、ないしは比較史的な視点ということであるが、それは、当時の歴史家たちに染み込んでいた日本社会の歴史的後進性という意識から由来したものであった。

二　戦後におけるフランス革命像の深化

第二次世界大戦の敗北は、日本社会の後進性という意識を一層強くさせたので、歴史家たちは、日本社会の近代化ないしは「民主化」の手段を求めて、西洋におけるさまざまな革命の歴史を研究しはじめた。その展開の中で、戦前に形成されたフランス革命の原像が再び取り上げられ、深められることになった。「講座派」の後継者の位置にあって、フランス革命と明治維新に関する新たな比較研究の先頭に立ったのが、高橋幸八郎であった。彼による貢献を、二点に絞ってとらえておこう。

第一に彼は、イギリス経済史の専門家である大塚久雄とともに、比較を重視した近代ヨーロッパ経済史研究に、すでに着手していた。そしてこの分野での研究から高橋は、「封建制から資本制へ」の移行理論を打ち立てていた。

第二に高橋は、フランスの数々の歴史家たち、例えばジャン・ジョレス、アルベール・マチエ、マルク・ブロック、そしてなかんずくジョルジュ・ルフェーヴルといった歴史家たちの研究書を、すでに注意深く読んでおり、それによって、フランス歴史学の最良の成果を吸収していた。上述した平野義太郎の理論は、マルクス・エンゲルスの著作にもっぱら依拠したものでしかなかったが、それとは対照的に高橋の議論は、当時の外国人として入手可能であった最良の諸研究に、堅固に基礎づけられたものだったのである。

高橋の議論は、フランス語や英語で書かれた彼の諸論文[2]によって、専門家の間ではよく知られるところとなっている。したがってここでは、戦後の日本の歴史学においてフランス革命像が深化するに当たって重要であった、いくつかの点についてのみ指摘しておきたい。

農民層分解による産業資本主義の生成

高橋の出発点は、西洋の近代社会と日本の近代社会とのコントラストを意識したことにあった。そこで彼がはじめにしたのは、産業資本主義の諸起源を西ヨーロッパに探究することであった。彼が見出したのは、スペインやオランダの事例が明示しているように、対外貿易の発展や大貿易商の社会的上昇は、必ずしも産業資本主義の形成に繋がっていくとは限らない、ということであった。そこで彼が気づいたのは、農村工業の重要性という点である。農村工業は、都市を拠点としたコルポラシオン、すなわち同業団体とは対立しながら、十六世紀から十八世紀にかけて、フランスでもイギリスでも近代工業の揺籃になったのだ、と。そこで彼は次のように明言した。西洋型産業資本主義の真の生成は、独立した小生産者階級の形成と、それに続くその分解とに存しているのであり、このような農民層の分解の中にこそあったのだ、と。彼によれば、封建制から資本制へと移行する西洋型の類型は、そのような道筋が通常なもの、ないしは自然的なものであった。反対に十九世紀の日本においては、国外からの圧力のもとに、特権的な、独占的な商人が資本家に転化していった。こうした上からの移行の道筋こそが、日本において、時代遅れで変形した資本主義社会を生み出したのである、と。

ブルジョワ革命の中心に位置する農民革命

商品小生産者としての農民層の独立と分解の中にこそ、産業資本主義生成の鍵がある、というのであるから、資本主義へと移行する、下からの道筋を開くブルジョワ革命にとって、その主要な役割は、農民層をあらゆるその桎梏から、すなわち領主制や絶対主義権力、特権的上層ブルジョワジーの支配から、解放することでなければならない。このような議論にとって、高橋がジョルジュ・ルフェーヴルと出会ったことは、決定的な重要性を持っていた。というのも、フランス革命における「農民革命」の重要性を初めて指摘したのが、ルフェーヴルに他ならなかったからである。ただし、フランス革命における「農民革命」の位置づけについては、ルフェーヴルと高橋のあいだには違いがある。ルフェーヴルによれば「農民革命」は、フランス革命を構成していた四つの構成要素のうちの一つであった。しかし高橋は、明治維新には農民革命が欠落していたことを痛切に意識していた。それはあたかも、グラムシが「リソルジメントにはジャコバン主義が欠落していた」と指摘したのと共通している。そこで高橋は、農民革命をフランス革命の中心に位置づけなおし、フランスの農民層をあらゆる桎梏から解放した農民革命によってこそ、フランス革命は「古典的」ブルジョワ革命でありえたのだ、と考えたのである。

フランス革命にも内在していた、移行の二つの道筋の対立

すでに述べたように、高橋は、封建制から資本制への移行の二つの道筋の違いについて、強く主張していた。近代世界の歴史において、一方はイギリスやフランスに、他方はドイツや日本に存在していた二つの道筋は、彼によれば、じつはフランス革命の歴史にもまた内在していた。フランス革命における幾つかの段階を区別したマチエの理論から影響を受けた高橋は、(一七九二年八月十日以前の) 第一段階と (八月十日以降、とくにジャコバン独裁期の) 第二段階とを区別するよう、強く主張した。この革命の第一段階にあっては、王政派やフイヤン派、ジロンド派によって代表される上層の商業ブルジョワジーが、アリストクラシー (貴族らの特権支配層) との妥協によって、明治維新とも共通するような上からの改革の道を開くよう、欲していた。しかし反対に革命の第二段階になると、山岳派によって代表されていた中小ブルジョワジーが、アリストクラシーに対する激しい闘争を通じて、下からの真に革命的な道筋を開いたのであった。このように高橋は、フランス革命の歴史過程の中に、移行の二つの道筋の対立を

見出したのである。すなわち、一つは、ジャン・ジョレスによれば「狭義のブルジョワ的で寡頭的な」道筋であり、他方は、「広義のブルジョワ的で民主主義的な」道筋である。そして高橋によれば、ジャコバン独裁下における第二の道筋の勝利によってこそ、フランス革命は「古典的な」ブルジョワ革命でありえたのであった。

革命による断絶と改革による継続、すなわちフランス革命と明治維新の対照性

こうして、高橋によると、フランス革命は領主権の無償廃止によるだけでなく、旧体制下の上層ブルジョワジーによって支持されていた上からの改革の道を拒絶することによって、旧体制との決定的な断絶をしるしたのであった。それとは反対に明治維新は、その制度的な諸改革にもかかわらず、日本の旧体制との一種の連続性をその特徴としていた。それは明治維新が、農地をめぐる旧来の体制の存続を可能にしただけでなく、すでに旧体制のもとで強力になっていた独占的な大商人や金融家、そして大土地所有者たちによって支持されていた、上からの改革の道が勝利することを可能にしたからであった。明治維新をフランス革命から区別するこの本質的な差異は、近代化され民主化されたフランス社会と、経済的に遅れをとった、寡頭的支配が続く日本社会という、対照的な状態を結果したのであった。したがって、第二次世界大戦が終わったとき、フランス革命が果たした役割は、日本では依然として未完のままであった。高橋は、一九五〇年に刊行された自著の序文において[3]、一七八九年は日本人にとっては依然と

して現実性を持っている、と書いたのである。

三　現在のフランス革命像に関する若干の考察

我々の研究の出発点をしるした高橋幸八郎の業績が現れてから四十年たって、我々を取り巻いているこんにちの状況は、当時とは相当に異なっている。もちろん我々もまた、日本の近代史との比較対照においてフランス革命を理解したいと考えているのだから、比較史の観点は変わっていない。すなわち、我々もまた高橋とともに、明治維新を通じての連続性とは対照的に、フランス革命を旧体制との決定的切断ととらえている。そしてまた、革命暦第二年（一七九三—九四年）を不幸な「横滑り」とは考えていない。明治維新にはジャコバン主義が欠落していたことを、我々もまた高橋同様、意識しているからである。しかし、状況が変化している以上、我々の比較の方法も修正されなければならない。その結果、戦争直後に高橋によって定式化されたフランス革命像は、我々の研究の過程において、いささかの変容を余儀なくされてきた。以下においては、状況の変化、比較の仕方の変化、そして日本におけるフランス革命像の変容、という諸点について考えてみよう。

まず、状況の変化についてであるが、私見では二つの面があって、一つは世界規模でのもの、もう一つは日本の国内に関わるものである。第一点目は、第二次世界大戦後における植民地独立の展開と、第三世界の台頭とが、現代世界の組織化において一大変化を惹起した、という点である。この世界システムの変化を前にして、問題を世界的な視野においてとらえることの重要性に、我々は改めて気がついた。というのも、これまで我々は、西洋のそれぞれの個別国家に視野が限られていて、ともすると世界規模でのさまざまな国際関係を、無視してはいなかったとしても、過小評価していたからである。この点で、十七世紀の「全般的危機」に関する研究（E・ホブズボームほか）や、「開発」諸国と「低開発」諸国との関係に関する研究（A・G・フランクなど）、「歴史的後進性」に関する研究（A・ガーシェンクロン）、そして「資本主義世界システム」に関する研究（I・ウォーラーステインなど）は示唆的であった。第二点目は、一九六〇年代以降、日本は急速な経済成長を実現したために、我々にあってはたいへん鋭く感じられていた歴史的後進性という意識が、徐々に弱くなっていった点である。このような変化は、我々に、かなり難しい問題を課することになった。すなわち、現在の経済的成功が「伝統的」政治文化の驚くべき継続性と密接に結びついていたとするならば、我々は、経済と政治との関係のあり方を再考することを余儀なくされるからである。現在までのところ、日本の歴史研究者は、多かれ少なかれ「経済決定論」の影響下に仕事をして、「先進的な」社会と「後進的な」社会とを単純に比較してきていた。しかしこれからは、比較の方法について修正を余儀なくされているのである。

かくて我々に必要なことは、比較の観点を維持しながら、一方では世界規模での国際的諸関係を考慮に入れ、他方では経済と政治の関係のあり方について再考しつつ、歴史的比較の方法を修正することである。では、比較の方法はどのように修正できるのであろうか。また、新たな比較からは、どのようなフランス革命像が立ち上がってくるのであろうか。それらの課題に関する我々の考察の要点を、以下に記しておくことにしよう。

近代世界システム内におけるフランス革命の位置に関する考察

「講座派」から高橋幸八郎に至るまで、日本の歴史学における比較の方法は、明治維新を西洋諸国のそれぞれの変革に比較するものであったが、それらの変革が位置する世界的状況については、十分には考慮されていなかった。こうした欠陥を正しく指摘したのは、エリック・ホブズボームである。「封建制から資本制への移行」に関する議論に参加したホブズボームは、正当にも次のように言ったのである。すなわち、「世界規模でみれば、封建制からの移行は単線的な進化の形をとるわけではない、という事実を考慮に入れなければならない。資本主義の勝利は、世界の一部においてしか完全には実現しなかった。その一部が、今度は、世界の残りの部分を変えたのである。……明らかなことは、他のさまざまな決定的な時期にあっては、ヨーロッパとヨーロッパ以外のその他の世界との関係が、決定的に重要であった、ということである」[4]。つまりは、明治維新とフランス革命を比較する前に、一方では明治維新が位置していた世界的状況について研究する必要があり、他方では、十八世紀末の世界システムの中でのフランス革命の位置について再考する必要がある。明治維新の時期の国際関係については、すでに研究に取りかかられてきた。(5) ここでは、近代世界システムにおけるフランス革命の位置について、一つの仮説を提示したいと思う。

資本主義世界システムが形成されつつあった十八世紀初めにおいて、フランスは、その前の十七世紀における重大な経済危機のために、イギリスからは明確な後れをとりつつあった。十八世紀を通じて経済成長したとはいうものの、フランスは、この後れを取り戻すことはできていなかった。さらには、いくつもの植民地での戦争で敗北したために、フランスは、海上や海外市場におけるヘゲモニーを失いつつあった。革命前夜においてフランスは、この時期の資本主義世界システムの中では、経済の観点からすれば（イギリスに対して）相対的に後れをとった国であった、ということができるであろう。別の言い方をすれば、フランス革命は、相対的に後れをとった国におけるブルジョワ革命であった。この革命の性格を表す特徴は、世界におけるフランスのこのような位置から、説明できるかもしれない。すなわち、フランスのブルジョワジーは経済力があまりに弱く、アンシアン・レジームに過度に頼っていたがゆえに、単独で革命を支えることができず、他方、工業発展が弱かったためにイギリスのようには姿を消していなかった民衆や農民が多数介入し、革命の達成には不可欠の存在となったのである、と。このように民衆や農民が多数介入したことによって、フランス革命は民主主義的な革命となりえたのであった。逆説的なことであるが、フランス革命は相対的な後進国における最初の革命であったとともに、また、世界初の民主主義革命でもあったのである。

このようなフランス革命の国際的な位置は、フランス革命とロシア革命とを比較する可能性を、我々にもたらしてくれる。というのも、二十世紀初めのロシアは、十八世紀末のフランスと同様に、相対的な後進国家であったからである。この点で、三つの革命、すなわちフランスとロシアと中国の革命を比較したスコッチポルの研究は、たいへん示唆に富んでいる。(6) こうしてたとえば、フランスの農民革命をロシアのそれと比較することや、ジャコバン独裁をボルシェヴィキ独裁と比較することも、できるかもしれない。こうした新たな比較の方法をとれば、(ドイツやイタリアや日本におけるような) 上から課せられた改革には農民革命やジャコバン主義がなかったことの理由を、説明できるようになるかもしれない。それらの改革 (ドイツ統一、イタリア統一、明治維新) は、資本主義世界システムの展開においては、ちょうどフランス革命とロシア革命との中間に位置していた。それらが位置した十九世紀においては、民衆運動や農民運動は、ブルジョワジーとはもはや同盟関係を結ぶことはできず、同時にまた他方では、プロレタリア革命の可能性をまだ手にしえなかったのである。

「政治文化」に関する考察

「日本資本主義論争」以来、多少ともマルクス主義の影響を受けた日本の歴史家たちは「経済決定主義」を重視する傾向を持っており、明示的にせよ暗黙のうちにせよ、経済（下部構造）と政治（上部構造）との照応関係を前提としたものであった。別の表現をすれば、彼らは上部構造を下部構造の単なる反映とみなしていたのである。我々がすでに述べたように、たしかに「講座派」は、これら二つの構造の関係について考察を巡らしてはいた。しかし彼らが信じるところによれば、旧来の農地体制の存続と日本における絶対主義的政治体制のあいだには、照応関係があったのである。しかるに今日では、経済と政治との乖離、ないしは矛盾に、我々は遭遇している。日本は今や、その経済の「近代化」を成し遂げたが、政治はといえば依然として伝統的なままにとどまっているように見える。むしろ、すでに述べたように、現在の経済的成功は、日本においては「伝統的な」政治文化の存続と深く結びついているのである。

実際のところ、こうした経済と政治の隔たり、ないし矛盾は、第二次世界大戦後に始まったものではない。そこにこそ、明治維新以来の日本近代社会特有の現象があるのである。この維新＝王政復古が、「労農派」が主張したように、日本の資本主義の出発点、ないしは日本経済の「近代化」の出発点であったことは、たしかである。しかしながら、徳川支配の長い歳月ののちに「天皇制」を確立したこの維新＝王政復古は、旧来の政治文化を転覆させたわけではなく、古くからの文化的諸要素をうまく動員したのであった。このような、新たな明治政府による旧来の文化的諸要素の動員は、天皇の政治体制を強化するためにだけではなく、経済を「近代化」し、さらには日本社会を「近代化」するためにも、なされたのであった。こうして、日本における経済と政治の間に現在みられる矛盾の起源を求めていくと、明治維新にまで遡らなくてはいけないことになる。我々の意見では、フランス革命と明治維新の差異は、「講座派」や高橋が強く主張したように、フランス革命が近代的ブルジョワ社会を実現したのに対して明治維新は旧来の半封建的な社会を生み出した、という点にあるのではない。そうではなく、それら両者の真の違いは、次の点にこそあった。すなわちフランス革命が、言葉の最も広い意味における「文化革命」として、政治的諸関係だけでなく、すべての社会集団の習俗や心性をも変革したのに対して、明治維新は、その種の革命ではなかった、ということである。われわれはこの問題について、いま少し詳細に考えてみることにしよう。

フランス革命も明治維新もいずれも、それぞれの国の国民的な統一、ないし国民国家形成の、その出発点をなすものであった。国民国家形成のためには、指導集団のような政治的エリートは、伝統的な民衆世界、すなわち農村共同体や都市の街区の近隣づきあい、その他の民衆的ソシアビリテを解体したうえで、社会のすべての成員を、単一にして不可分のネイションの中に、市民としての資格をもって統合する必要があった。重要なことは、第一に、この指導集団と人民大衆との関係であり、ついで、社会の構成員を国民国家に統合するその方式である。フランス革命と明治維新の比較は、これらの二点をめぐるものでなければならない(7)。

指導集団としての政治的エリートと人民大衆との関係については、フランス革命は少なくとも一七九三年において、アリストクラシーに対抗するためのジャコバン派とサンキュロットとの同盟を実現した、ということができる。別の言い方をするなら、フランス革命の指導集団は、民衆の熱意をアリストクラシーに対する戦いに方向づけ、ないし回路づけたのであった。反対に明治維新の指導集団は、都市や農村の民衆運動と同盟を組むことを拒絶し、旧来の名望家たちとの妥協を実現するために、自由と平等とを要求していた民衆運動を厳しく弾圧したのである。

社会の構成員を国民国家に統合する方式に関していえば、フランス革命は、旧体制と決別するために、新たな革命のシンボルや新たな革命祭典を創出することができた。それに対して明治の新政府は、旧来の文化的象徴を動員して、それらを改変し、一般化したのであった。例えば、旧来の君臣関係における「忠誠」は、天皇に対する「忠義」に転換させられ、この忠義がすべての国民に課せられたのである。他方で天皇の権威は、多くの儀礼によって強化された。こうして伝統が、いわば創出されたのであった。(8) 日本国民に対して上から押し付けられたこの伝統は、第二次世界大戦後の制度改革にもかかわらず、生き続けてきた。そして今日においてなお、日本の労働者や社員たちは、会社に対して忠実でなければならないとされ、天皇は、日本人のネイションへの統合の象徴として存在し続けている。一九八九年初めの昭和天皇葬儀の際に、それは端的に示された。このような日本の政治文化の現状を前にしてみると、フランス革命像とは「文化革命」として、それも、市民であることの原理として「自由、平等、友愛」を創出した「文化革命」であった、という革命像として立ち現れるのである。

註

（1）平野義太郎『日本資本主義社会の機構』（岩波書店、一九三四年）。
（2）Kohachiro Takahashi, *Du féodalisme au capitalisme : Problèmes de la transition*, Paris, 1982.
（3）高橋幸八郎『市民革命の構造』（御茶の水書房、一九五〇年）。
（4）Eric Hobsbawm, "Du féodalisme au capitalisme", 1962, in Maurice Dobb et Paul-M. Sweezy, *Du féodalisme au capitalisme : problèmes de la transition*, Paris, 1977, t.2, p.9.
（5）例えば、芝原拓自『日本近代化の世界史的位置』（岩波書店、一九八一年）。
（6）Theda Scocpol, " France, Russia, China : A Structural Analysis of Social Revolutions", in *Comparative studies in Society and History*, April 1976; id., *States and Social Revolutions*, Cambridge, 1979.
（7）柴田三千雄『近代世界と民衆運動』（岩波書店、一九八三年）。
（8）E・ホブズボーム、T・レンジャー編『創られた伝統』（前川啓治ほか訳、紀伊國屋書店、一九九二年）。特にホブズボームによる序文参照。

座談会　革命とは何か？　後篇

三浦信孝・福井憲彦・三谷博

福井　明治維新も革命に入れるべきだというスタンスだよね。

三浦　シンポジウムに招いた時点では、明治維新は革命とは言えないというスタンスだった。君主制を廃止して、人民主権の共和国を作るような体制転換がなければ革命とはいえないという発想がはっきり彼の中にありました。

三谷　それが理想の姿だという部分はもっともです。

三浦　スイリさんも明治維新は革命とは呼べないというスタンスだった。「革命 (revolution)」

〈民衆〉の問題

三浦　今回のシンポジウムは、セルナさんにインパクトを与えたと思います。はじめ、世界の九大革命に、彼は明治維新を入れていなかった。しかし本書『フランス革命と明治維新』の中でやっと明治維新を世界十大革命に入れるようになった。

と呼ぶか、「復古（restauration）」と呼ぶか、これは古い議論だけれど、フランス革命二百周年の時にも問題になり、西川長夫氏はrévolutionと呼ぶべきだと主張した。ところが柴田先生は明治「変革」、遅塚先生は明治「改革」と呼んで、二人とも「革命」とは言わない。

福井　そうですね、下からの変革ではないという意味で。

三浦　セルナさんが三谷さんの論考について、民衆の視点が全くない、人権について触れていないと批判した。まず人権について言えば、フランス革命において一番大事なのは「人と市民の権利宣言」、彼の言葉で言うと「普遍的市民権」なので、そう言わざるを得ない。ただ明治維新において人権という概念がスローガンになっていたわけではないのは明らかで、それを批判するのは無い物ねだりです。

三谷　革命はシークエンス全体を見ることが大事だと思います。内部事情から脱身分化したあとに西洋の思想がどっと入ってきて、自由民権運動が始まり、その中で人権の思想が根付いた。次いで明治憲法ができた。維新で脱身分化が行われ、その基盤の上で人権思想も盛り込まれる。革命には長い時間を要します。維新の出発点には、明瞭な理念やイデオロギーがなかった。しかし、その長い時間の中で課題が発見・共有され、それが膨らんでゆく。革命は巨大な学習過程であって、理念だけに注目するのは全く不十分です。

三浦　スイリさんは民衆史を重視している。日本の民衆史家たちが海外に発信しない、あるいは翻訳されないために非常に大切な貢献が世界で認知されていないと残念がっている。インドの国民史の書き換えであるサバルタン・スタディーズは、英語で発信されて世界的に評価されている。それと同じくらい日本の民衆史はインパクトがあるはずなのに、と常々言っています。

三谷　安丸良夫さんの研究はとても素晴らしいものです。『神々の明治維新』（岩波新書、一九七九年）はぜひとも翻訳してほしい。

福井　ぜひ翻訳すべきですよね。他のお仕事も。

三浦　スイリさんは今回遠慮して、民衆史については強調しなかったけれど、別の論文では自由民権運動に限らず、幕末の一揆や世直しなど民衆の抵抗運動を非常に重視しています。民衆が革命に参加したから暴力が激しくなったという議論は確かにある。ルフェーヴルの場合は農民、ソブールの場合はサンキュロットに注目します。スイリさんもその点では正統派の流れを引いているようでいて、明治維新はエリートの間での政権交代にすぎないから革命ではないという考えは、ちょっと矛盾しているように思います。

三谷　革命の担い手が誰かというのは大事ではないのではないか。担い手が誰だったかではなく、実際に権利の大規模な再構成が行われたということが重要だと思います。

三浦　民衆の抵抗運動や反乱というファクターをスイリさんはかなり重要視していて、勝俣鎮夫『一揆』（岩波新書、一九八二年）を仏訳しています。もちろんヨーロッパにも一揆のような農民の反乱はあって、フランスの歴史家にもインパクトを与えたようです。

福井　テーマとしてどこに着目するかが問題で、三谷さんがいうように権力の移行、政治体制の編成替え・変革に焦点を絞ると、明治維新の場合、民衆の関わりはあまりないということになる。ただ、社会状況としてはいろんな動きがあって、社会的流動化は現実に起こっているから完全に無関係とは言えない。どこに焦点を当てて、どのような時間の幅で、どのスパンで考えるかの違いだから、どこで対立しているかということではないと思う。比較できないものを比較することの難しさは、そういうところにあるんでしょうね。

三谷 僕が民衆運動を研究していないのは確かに弱点です。しかし、政治家の史料には民衆の動きが出てこない。政治運動と民衆とは水と油だったのです。維新期に様々の民衆運動があり、一揆・打ちこわしの件数が増えたほか、新宗教の運動も特徴的だった。最近気付いたものに水戸天狗党の乱があります。降伏した八百人あまりのなかで武士は三十数人しかいなかった。武士ではなくて、主導権は百姓、民衆の方にあったのではないかと思い始めています。ただ、彼らがなにを目指したのか分からない。民衆の政治意識は解釈が難しい。

福井 それはフランスも同じです。例えばヴァンデの反乱(一七九三―九六年)。革命派が発した徴兵令に反発した農民が反乱を起こすんですが、それを反革命の貴族が利用する。では、民衆は反革命だったかというと、単純にそうは言えない。都市から出た司令で自分たちにとって何かわけのわからないものが降ってくる、しかも徴兵令が出て誰か出せと言われる。しかし都市ではカネ次第で徴兵を回避する方法があるらしい、そんな馬鹿なことがあるかということで反乱が起こる。それを反革命勢力は利用して内戦になるのですが、単純に民衆の反革命戦争とするのは全く間違っている。そういう動きをどういう形で革命的変革というプロセスに組み込んで考えるのか、そのときにフュレのようにそれは余計な夾雑物だという視点はとりたくないと僕は思います。

三谷　明治十年の西南内乱の後、民権運動は地方の裕福な地主が担っていく。他方、この時代にはより下層の民衆が別の動きをする。その緊張・交錯関係を書いたのが牧原憲夫さんの『客分と国民のあいだ』（吉川弘文館、一九九八年）で、その先鞭をつけたのが色川大吉さんの一連のお仕事です。ただ、民衆がまだ政権争奪の場に入ってこない維新期に民衆運動と言われても困る。身分制が解体されたあとに民衆がどっと出てくるんです。

三浦　フランス革命で一七八九年の夏に大恐怖（Grande peur）というのもありました。領主に対して農民が反乱を起こした。

福井　一時、総蜂起的な状況があった。だからこそ封建制の廃止（八月四日）で農民の動きは一気に沈静化する。ただしこの段階では農民は土地を買い取る必要があったので、実態的な意味はほとんどなかった。

在りし日の革命史家たち

三谷　高橋幸八郎さんは農地改革に関心がおありだったと聞いたことがあります。

福井　高橋さんは封建制から資本制への移行に焦点を絞ってフランス革命を取り上げました。そうすると、領主制から私有制にどう転換するかという点が鍵になる。それが資本主義化の基礎になると議論した。非常に論理的で理論的です。最初、僕は『市民革命の構造』（御茶の水書房、一九五〇年）を読んで、理論のお化けみたいな本だと思いました。僕なんかとてもそんな発想できない。だからこの移行の議論は、フランス本国でもインパクトがあった。

三谷　戦前日本の地主制は封建的と言えるかどうか……。

福井　高橋さんは寄生地主制だと規定した。高橋さん自身、福井の大地主の家系なのだそうですが、その点では非常に不思議なことです。

三谷　寄生地主制の廃止が重要な課題だということで、戦後の社会主義運動が盛り上がった。しかし、占領軍が農地解放してほとんどの農民が自分の土地を持つようになった。私有財産を強制的に取り上げて分配した。占領軍は社会主義革命をやったと言ってよいでしょう。そのお蔭で逆説的に、小作争議が頻発した農村は保守化した。社会主義運動は都市だけになり、農村は保守の牙城に変わった。だから高橋さんが農地改革に関心を持ったのはなぜなのかなと思いました。

福井　資本制がいかに成立するかという理論的な観点ですね。もう一点はプロト工業化の問題です。その担い手が農民から出てくると考えた。農民層からブルジョワジーの新たな類型が成長してくるという理論的枠組みです。

三谷　高橋さんはいわゆる講座派だと理解していましたが、その議論は労農派的ですね。

福井　この議論はフランス革命についてですから。日本の場合はそうは言わない。日本は明治維新によってそういう風にはならなかったと言うわけです。

三谷　でも明治政府は私有財産は認めたわけでしょう。

福井　土地制度については、地主小作制が再生産されたとみるわけです。だから工業生産は国策として発展していくわけだけれど、大本にある土地所有に関しては寄生地主制だった、と。だからやはり講座派だった。

三浦　高橋先生の時代から柴田・遅塚両先生の時代はどういう変化があったのか改めて確認させてください。

福井　ひとつは、キース・ベイカーたちが論じ始めた政治文化論を引き受けたということではないでしょうか。特にコリン・ルーカスなんかはフュレみたいに極端ではないし、社会集団との関係も問う。おそらくそっちの方に意識が向かった。アンシアン・レジームの末期にはすでに言説や実務能力によって統治者集団に上昇していく回路は確立されていた。それが革命前になるとうまく機能しなくなり、そこに「ストレス・ゾーン」が生じてくる。その層が革命の初期に大きな役割を果たした。ロベスピエールなんかもそうかもしれない。社会がうまく動いていたら、彼らは支配階層に入っていた。それがそうじゃなくなった。こういう理解に柴田先生たちは共感した。

もう一点、柴田さんたちは、ワールド・システム論のような、グローバルな資本主義体制の展開のなかにフランス革命や明治維新を位置付けて考えた。これは高橋史学とは大きく異なっている。

三浦　福井さんは東大の西洋史で柴田先生に師事したんでしょう。

福井　指導教員でしたが、私は革命史の専門家ではありません。

三浦　僕はお会いしたことがありませんでした。晩年の遅塚先生にはよくお話を伺ってファンになりました。

福井　すべてを明確に大きな声ではっきり言うよね、遅塚さんは。

三浦　講談みたいで聞き惚れました。

福井　内緒話ができない人だった（笑）。

三浦　遅塚先生の『フランス革命――歴史における劇薬』（岩波ジュニア新書、一九九七年）は名著ですが、死後出版になった『フランス革命を生きた「テロリスト」――ルカルパンティエの生涯』（ＮＨＫブックス、二〇一一年）という本には、なぜ革命にテロルが起こったかという論考が入っています。セルナさんはこの問題を避けているけれど、遅塚先生はこの問題に正面から答えた。正統派の学会はロベスピエール学会と言いますね。遅塚先生は正統派の系譜に連なる方だけど、恐怖政治にしっかり向き合っている。誠実だと思います。

福井　柴田さんと遅塚さんが問いかけた「文化革命」としてのフランス革命という理解は戦後革命史研究の大きな遺産です。彼らの問題意識は、現代になっても日本には組織型人間がたくさんいるということにありました。上意下達です。フランス人は簡単には従いません、徹底的に議論する。一方、日本はお上に従う。この原因は明治維新がフランス革命のような普遍的自由や人間の発言権を確立しなかったことに求められるのではないか。彼らはそこを突いた。

三谷　非常に重要な問題ですね。私も日本人の過剰同調性には辟易しています。私は学界では一匹狼で、一部からは暴れん坊に見えているようです（笑）。社会一般であれ学界であれものを一様にしか考えない傾向がある。政治でもみな今の政権になびこうとする。長いものに巻かれろとの傾向が強まっている。ただ、いつの時代でもそうかというと違います。明治なかばに憲法が制定された頃はみんな言いたい放題だった。それが明治の終わりごろには言論の幅が狭まってくる。昭和期に入ると、メディアの普及も伴って、過剰同調性が世論を支配するようになった。日中戦争が始まったとき、経験ある政治家は早く止めねばと考えましたが、世論の前には微力で止められなかった。こうした過剰同調性がいままた兆しているのは健全なこととは言えません。

理念か、結果か

三浦　高橋先生、柴田先生、遅塚先生はじめ、日本でフランス革命史研究をリードした先学たちは明治維新のことを考えながら研究に取り組んできた。もちろん、現在もフランス革命史研究は続いています。現在の研究者は、明治維新との比較はやっていますか？

福井　あまり聞きませんね。

三浦　革命史家の山﨑耕一さんは「フランス革命はかつては参照すべきモデルだったが、今は比較の対象に変わった」という趣旨の論考をフランス語で書いています。他方、スイリさんはフランス革命を近代市民革命のモデルにして、明治維新は不徹底なブルジョワ革命だったとか、日本の近代化はどこが足りないとか、ねじれた近代だったとか、そういう見方を「欠如史観(lack history)」と言って批判しています。ただ、僕はフランス革命やヨーロッパ近代を理念化することによって、そこから現代日本を批判するという最後の世代に属しています。

福井　僕は違うな。比較は必要だけど、理想化しては駄目だと思う。

三浦　うーん。欠如史観がよくないというのはどうなんだろうか。西洋近代をモデルにする「近代主義者」というレッテルで丸山眞男がよく批判されました。でも、理念的モデルがあって日本を批判する視座を初めて獲得できる。それを否定し去るのはおかしいと思う。例えばセルナさんが掲げているのはフランス革命の理想です。彼はそれがあくまで理想で実現されているとは言ってない。理想と現実の間には乖離がある。そういう意味でフランス革命は終わっていないわけです。この点ではセルナさんに共感します。

三谷　半分ぐらいは理解できます。人間は自分だけ見つめているとすぐに自惚れる。だから他者という鏡を二枚か三枚は持っていた方がいい。

ただ、普遍的理念の実現方法には注意しないといけない。その方法を間違えると犠牲者がたくさん出る。上手にやると少ない。例えば現代の中国を考えてみましょう。党の強大な権力の下でいかにして自由の領域を広げていくか。それは理念を唱えるだけでは全く歯が立たない。暴力ももちろん使えません。どういう風に隙間を見つけて息ができる空間を広げていくか。以前、編著で『東アジアの公論形成』（東京大学出版会、二〇〇四年）という本を刊行しましたが、元々自由のイデオロギーも経験も乏しい社会で、どう政治的自由を可能にするのかを問うた本です。どんな立派な理屈を唱えたって、人々がそれを受け入れなければ駄目なわけです。理念重視ではかえってうまくいかないことも多い。中国みたいな巨大な国家がある方向に走り始めて止まらない状態になったときに、途中で進路を変えるにはどうしたらよいのか。そこを視野に入れないと、これからの革命論はやっても意味がありません。中国だけじゃない。トルコも危うい道を選びつつある。中央アジアの諸国も追従している。現代世界の基本問題です。

歴史の終わり？――八九年以後

三浦 本書には、フランス革命二百周年記念国際大会における柴田先生と遅塚先生の報告「日本の歴史学におけるフランス革命像」を収録しているのも大きな特長です。この大会では憲法学の樋口陽一先生も報告された。「四つの八九年」という論考です（『共和国はグローバル化を超えられるか』平凡社新書、二〇〇九年所収）。一六八九年の権利章典、一七八九年の人権宣言、一八八九年の明治憲法、そして天安門事件があった一九八九年の革命二百周年。この四つの八九年を通して日本を立憲主義の世界展開の中に位置付けた。もう一人、大会で報告したのが西川長夫先生。彼は国民国家建設のプロセスでは、フランス革命も明治維新も同じだと指摘した。どちらも革命だとはっきり言ったのは西川さんが初めてではないか。フランス革命をモデルにして、明治維新の足りないところを議論する「欠如史観」のアンチテーゼです。さらに極端に単純化していえば、国民国家はナショナリズムや植民地主義という悪の根源だという。

三谷 九〇年代の日本史学でも流行りましたね。国民国家のマイナス面を暴くのがテーマになった。

三浦 フランス革命礼讃ではない発表を西川さ

んは八九年のパリでやっている。それが彼の国民国家論の出発点になった。フュレのような修正派とはまた違うけれど、これは非常に重要な問題提起だったと思います。こうしたポストコロニアル的切り口での批判は、日本はフランスよりもずっと早かった。

三谷　確かに当時の社会科学系の大学生は西川さんの本をよく読んでいました。私は別の糸口からナショナリズムの負の側面を考えるようになりました。当時中国や韓国から留学生が大量に来るようになっていた。私は彼らと話すうちに二十世紀前半の日本が隣国と大きな問題を引き起こしたことが気になり始めた。ただし、国民国家論の方々と違って、国民という言葉を追放すれば世の中がよくなるとか平和になるとは考えなかった。国民と市民の指す対象はほとんど重なります。国民という言葉を追放すると、社会をよくしようとする主体がなくなってしまうのではないか。ここで市民という言葉が必要になる。英語で nation を使う場合には外部に対抗者ないし敵がいる。社会の内部を意識するときは citizen を使う。ただ日常的に citizen を使ってきたアメリカでも九・一一から nation を使うことが多くなった。秩序を作る主体を言うときは市民、外国を意識するときは国民。こうした使い分けがこれからは必要ではないか。国民国家論は単純に走りすぎたのではないかなと思います。

福井　我々の足元ではまた別の事態が進行しています。日本の外国史研究も一次史料を参照することがものすごく簡単になってきた。それによって非常に限定されたテーマで研究が行われています。確かに現在では一般に博士論文を書かないと大学などでの専任ポストはありません。

ただ、知的生産というのは、どこかにポストを得て生きていくためだけではなく、社会的発信がなければ趣味になってしまう。問題を広い時代的脈略に位置づけてとらえるとか、多様な比較の視点をすえてみるといった思考の姿勢が、いまこそ必要になってきているように思います。

三谷　維新史研究も同じ問題に直面しています。一次史料を丹念に読むのは大事ですが、今の問題を敏感に感じてほしい。その関心が直接論文に出るのはまずいが、現在を意識しながら問題設定してほしい。そうすると、読んだ人に研究の意義が伝わる。感動を呼び起こさない論文は自他ともに意味がないんじゃないか。(了)

二〇一八年十月十九日、白水社編集部

あとがき

一

編者の一人として再読してみて、本書は、今の私たちにさまざまな事を考えさせるに十分な内容を持っていると思っている。そこに重ねてまた「あとがき」で、重い補論のようなものを付けるのは、余計なことというものだろう。ここでは、読者諸賢による読みの補助線を提供できれば嬉しく、主としてフランス革命の研究史的な推移を中心とした若干の情報を、書き記しておきたい。フランスを中心にしてヨーロッパ近代について考えてきた私自身の責任範囲での提供、と思っていただければ幸いである。

本書のタイトルにある「フランス革命」にせよ、「明治維新」にせよ、それぞれフランスと日本という国家・社会の近代について、大きく作用を及ぼした歴史的出来事であったことは、間違いない。この本の元になった日仏会館でのシンポジウムの狙い、また、それを基盤に書物として刊行する目的は、すでに「はじめに」において示されている通りである。シンポジウムで報告を担当してくださった四名の論者、その組織運営に携わり本書の形にまとめる役割を担った編者の二名、この六名の者に、これら二つの歴史的出来事の全体的評価をめぐる、また、それらの比較対照的な考察をめぐる、統一的な合意があるわけではない。むしろ論者四名によって四様の問題の立て方と考え方が開示されていることこそ、読む者に考えを促す契機を与えてくれているように思われる。

合意点があるとすれば、次の点であろう。歴史的過去に関する認識をめぐっては、比較史的な観点からの検討が極めて有効であるというだけでなく、不可欠な観点をなす、ということである。各出来事は、それぞれの同時代的なコンテクストの中で生じる。コンテクストは、十八世紀末にフランスで生じて紆余曲折を経験した革命と、その約八十年後の十九世紀半ばすぎに日本で生じた明治維新、「革命」として捉えるべきか否かが問われてきた出来事とでは、もちろん同じではない。にもかかわらず、両国家、両社会の近代的生成のあり方に、いずれも大きく関わる出来事であったこと、それらが、両国内のみならず、それぞれが属するより広範囲な地域世界、さらには国際的ないしグローバルな世界にも余波を及ぼし、捉える時間のスパンを伸ばせば、その後の世界史の展開にも影響を与えたことは否定できない。フランス革命の場合には、現代の「国際連合憲章」や、一九四八年に採択された「世界人権宣言」において、「人権」や「基本的自由の普遍的尊重」といった文言が引かれているという一例が示すように、現在にまで至る歴史の展開に影響、ないし余波を与え続けてきたということも間違いない。

二

フランスの中世史家マルク・ブロックは、かつて戦間期にリュシアン・フェーヴルとともに『アナール』刊行の中心になった歴史家であるが、一国史の枠組み、ナショナル・ヒストリーの枠組みが支配的であった時期に、早くから比較史という方法の重要性を説いて止まなかった。彼による比較史の定義は「一定の類似性が存在すると思われる二つあるいはそれ以上の現象を選び出し、選び出された現象それぞれの発展の道筋をあとづけ、それらの間の類似性と相違点とを確定し、そして可能なかぎり類似および相違の生じた理由を説明すること」（高橋清徳訳『比較史の方法』）という、たいへん一般性の高いものであるが、その適用の一つの考え方として、「比較すべき現象が、時間的にも、空間的にも、いちじるしく隔たっているために、あきらかに相互の直接的な影響関係によっても、あるいは、いかなる意味の起源の共通性によっても、その類似が説明されえない場合」（同前）の比較について、事例を挙げて論じている。実に、今から九十年も前、一九二〇年代後半のことである。

ブロックは中世史家だったこともあり、フランス革命を事例とすることはなかったが、しかしまた彼は、同時期に、フランス革命史研究に新風をもたらしたジョルジュ・ルフェーヴルとも、歴史学の研究仲間として親しかった。フランス革命史における農民の動向の重要性を指摘し、フランス革命を「アリストクラートの革命」、「ブルジョワの革命」、「都市民衆の革命」、そして「農民の革命」という、それぞれに独自の目標や動きを示した四つの革命の複合からなっていたとする「複合革命論」によって、戦間期において研究史に重要な一歩をしるしたルフェーヴルである。ルフェーヴルは、その上で、結局は「ブルジョワの革命」が最大の成果を収めたという点で、フランス革命を「ブルジョワ革命」として評価した。

フランス革命を、社会経済史的な観点から「ブルジョワ革命」であったとする評価は、二十世紀初頭に刊行された、ジャン・ジョレスによる『フランス革命の社会主義的歴史』にすでに示されていると言われるが、革命史が専門という訳ではない私は、そこまで遡って読んではいない。じつはフランス革命が、当のフランスにおいて本格的な歴史学の研究対象として位置づいたのは、革命百周年の頃からに過ぎなかった。それまで、十九世紀を通じてフランス革命は、何よりも現実の政治体制の選択に関わる政治的論点の位置にあった。一八八〇年前後に、いわゆる第三共和制のもとで、共和体制の基盤がやっと安定したが、それでもなお王党派やボナパルト派の暗躍は続いていた。当時オポルチュニストと呼ばれた穏健派ないし中間派の共和主義者たちが中心になって定めたのが、現在にまで続く七月十四日の国民祝祭であり、国旗としての三色旗、国歌としての『マルセイエーズ』の制定である。共和体制への統合の中核、「国民の物語」の中核に、フランス革命が据えられた。ソルボンヌ（パリ大学）に「フランス革命史講座」が開設されたのも一八八五年のこと、アルフォンス・オーラール教授のもとで、史料集の刊行や、まずは政治史的研究に本格的に着手されたわけである。

オーラールの後を継いだアルベール・マチエは、「第三身分」は一体のものではないとして、革命推進派内の右派であったジロンド派と、左派であったジャコバン派（山岳派）との対立に、私的所有権をめぐる階級的対立を重ね合わせ、革命の諸段階が説明されるという考え方をとったのだが、他方で民衆運動や農民運動については、独自の変革主体が展開した動きとして位置づけることはなかった。そこに、ジョルジュ・ルフェーヴルが複合革命論を提起して、それぞれが自律的な性格を持った変革主体が継起的に、ないしは重層的に、運動を展開することによって、複雑な革命期の動向が由来したのだ、という理解を提起した。階級という大きな理論的括りから演繹するのではなく、数量的把握や統計処理を含む史料的検討から、具体的な社会集団の動向を踏まえて革命を捉えようという研究の方向性を打ち出した、ということであり、都市民衆と農民という社会集団の独自の介在について、はじめて本格的に論じたのである。この方向が、戦後においては、パリのサンキュロット運動の分析をしたアルベール・ソブールによる革命史理解へと引き継がれ、いわゆる戦後のフランス革命研究の「主流派」へと連なることになる。

三

本書には、一九八九年にパリで開催された革命二百周年記念国際大会においてフランス語でなされた、柴田三千雄と遅塚忠躬の共同報告を、訳出して掲載した。すでに逝去されていることの両氏は、私にとっては直接の恩師と大先輩に当たるので、呼び捨てにするのは抵抗があるのだが、ここでは慣例に倣って、すでに物故された歴史的存在としてそうさせていただく（なお、訳出に同意してくださった著作権継承の柴田朝子、岩本裕子の両氏に、この場を借りて御礼申し上げる）。

柴田・遅塚の二人は、高橋幸八郎に続いて戦後日本におけるフランス革命史研究の先頭に立ち、そのレベルを、フランス本国の研究者と対等に論じうるまでに引き上げた功績を示した歴史家である（東京が拠点であった二人に対して、主に思想史的研究からアプローチしていた京都大学人文科学研究所のグループがあったことも、忘れてはならない）。柴田・遅塚のご両人は、それぞれに研究の力点のあり方が同じでないことは当然だが、いずれも戦後の高橋幸八郎によるフランス革命論、すなわち封建制から資本制への構造的な移行をしるした革命、という理論的な規定から出発して、その後の研究史の展開のなかで、捉え方を深化させていったという点、また、フランス革命史研究を日本における近代史の理解と接続させながら、したがって、明治維新（ないし明治変革）との比較対照を常に念頭に置きながら考えていたという点では、共通している。

高橋史学の研究史上の位置については、この訳出した大会報告に簡潔明瞭に論点が示されているので、ここでは繰り返さない。その際、高橋が研究し論じていた時期、戦前から戦中、戦後すぐにかけての時期には、現在とは違って「一次史料」、フランスのアーカイブズに直接当たることはほとんどできない時代であったという、研究上の限界があったことも認識しておかなければならないだろう。論点は、いきおい理論的な解釈の構築に向かわざるを得ない時代であった。高橋史学も含め、日本におけるフランス革命への関心が、明治維新の理解の仕方をめぐる論争とかかわり、それはまた日本における資本主義の性格の規定、その発展段階をどのように位置づけるかという、きわめて理論的かつ政治的な選択ともかかわるような関心と連動していたこと、いわゆる労農派と講座派による、戦前の日本資本主義論争に如実に示されたような関心と連動していたものであったことも、この柴田・遅塚報告に簡潔かつ的確に説明されている。

戦間期に論じられていたこのような議論は、戦後すぐまでのマルクス主義的な階級闘争史観においては、歴史の段階論的な発展という理論形式において正当化されていた。日本の戦後歴史学による、一国ごとの社会経済史的な分析を基本とする市民革命論というのも、ここでは立ち入った説明や検討は省くとして、大まかに言えば同様の段階論的な発展図式に基づいて論じられていたものであるが、そのような発想は、日本でいかに戦後改革を実現して、資本主義的な経済発展と市民社会とを現実にできるか、という実際的関心と見合っているものでもあった。しかしこのような、一つの尺度を想定した歴史発展段階の図式的、ないしは理論的な考え方は、同時代の現実世界の展開のなか、揺るがざるを得なかった。いわゆる第三世界の旧植民地における相次ぐ独立国家の形成と、それに伴う新たな問題群の噴出や、他方での新植民地主義といわれるような支配従属の再生産、さらには資本主義経済の高度化、そしていわゆる社会主義圏、ソ連圏の崩壊による戦後冷戦の終了といった、現実そのものの展開である。かつてのような、欧米の歴史的推移を先頭に想定した、一本の道筋をたどるような段階論的な発展図式で歴史を理解することは、不可能であることが明確になった。とすればまた、フランス革命の歴史的な理解についても、考え方の変化が求められることになったのである。

四

第二次大戦後のフランス革命研究における転換を促した一つの動きは、それをフランス一国内の出来事として捉えるのではなく、広く大西洋世界内における一連の革命的出来事ないし革命運動の一つとして位置づける、という視野の拡大による転換である。アメリカの歴史家ロバート・パーマーが『民主主義革命の時代』を刊行したのは、一九五九年であった。パーマーは、アメリカ独立に始まり、ヨーロッパ各地で頻発するようになる革命運動と、続いてラテンアメリカ各地で起こる一連の独立運動とを、相互に連関する同時代現象として「民主主義革命」と位置づけ、フランス革命もそうした一連の革命運動の中に置いて理解すべきことを説いた。

こうした、政治的参加権、自主的な決定権を求め、植民地の場合には独立を求めて展開された一連の革命的運動は、じきに「大西洋革命」という括り方で論じられるようになる。日本では、一九八〇年代からは、こうした見方は高校段階での世界史教育においても広まるようになるが、当のフランスにおいては、どうしてもフランス中心的な見方が一般的で、なかなか視野の拡大は実現しなかった。したがって、パーマーによる提起をフランスで受けた動きが、一九六〇年代前半に、ジャック・ゴデショという歴史家によって起こされたのではあったが、それが広まることはなかった。今回のセルナ報告では、その点が決定的に転換されてきたこと、十七世紀のイギリス革命からの一連の革命のなかにフランス革命を位置づけて理解しようとしていることが、確認できる。私どもからみると、やっと、という感じがしなくもない。

　柴田・遅塚報告に見られるように、日本においては、より大きな捉え方の転換につながる視点を与えたのは、ウォーラーステインらによる「資本主義的世界体制（キャピタリスト・ワールドシステム）」の展開と推移という、近代の世界史に関するグローバルな認識枠組みの提起であった。したがって、そのような世界史的理解が吸収される一九七〇年代から八〇年代にかけてが、一つの転機となった。

　他方、フランスの研究内部からは、一九六〇年代半ばにフランソワ・フュレとドニ・リシェの共著『フランス革命』が出されたが、そこでフュレたちが主張したのは、「ブルジョワ革命」という性格規定の否定、それまでのフランスにおける主流派の解釈の否定であった。すなわち、封建的性格を引きずる貴族階級と対立して自由を求める、新たな階級としてのブルジョワジー、という階級対立の構図は成り立たない、そもそもそのような一体性を示すブルジョワ階級は、革命以前にも革命期にも、形成されていないではないか、という指摘によって論争化された。

　このフュレが論争の口火をきった階級対立の否定という指摘そのものは、柴田による『フランス革命』(一九八九年刊、のちに岩波現代文庫に収録)や、フランス史全体の解釈の中に革命を位置づけている『フランス史10講』(岩波新書)の「第6講」を見れば明らかなように、柴田史学では明確に吸収されている。つまり、産業ブルジョワジーのような経済的階級としてのブルジョワが、資本主義経済の確立を求めて起こした革命だ、といったような階級論的な理解は成り立ちえない。この点での合意は、広まっていると言ってよいのではないか。革命前の旧王政下にあって、上層市民層としてのブルジョワは、社会的政治的に上昇して貴族の称号を進んで獲得しようとし、多くが土地経営に関心を示していたこと、特権階層としての貴族についても、王政の中央政治にかかわるような上層部と、地方の落ちぶれた貴族といったように、その内部には大きな亀裂が走っていたこと、こうした流動性が確認されるのである。社会経済的にも、革命が勃発するような決定的階級対立が存在していたわけではなかった。

しかしその上で、柴田・遅塚のフランス革命史理解は、フュレに同調したわけではなかった。すなわち、フランス一国史内部に視野が限定されていたフュレとは異なって、彼らは、資本主義的世界体制が迎えていた新たな段階という、世界史的な同時代状況の中にフランスを位置づけて、新たな革命論が組み立てられていることが明瞭である。この点は、後段で触れる政治文化論とも関係してくるのであるが、革命の変革主体としてのブルジョワ階層とは、「商人・産業家・官僚・法曹・言論人など」の雑多な集合体であり、旧王政下に進められようとしていた国家の機構改革や地域的な集権化の波に乗って台頭していた階層であった。「マージナル・エリート」という社会・政治的概念でくくれるような、内部に多様性を抱えている新興の中間層であり、彼らは、自分たちをマージナルな位置に押し込めている規制や身分、特権的社団などの解消を求めていた。そのように理解されるようになったのである。

また他方で、柴田や遅塚がフュレと根本的に異なるのは、民衆運動の独自な存在論的意味の読み取りに、あくまで取り組む姿勢である。すなわちフュレのように、いわゆるジャコバン独裁(山岳派による「恐怖政治」)期の革命の激化や、民衆の介在による暴力の激発を「デラパージュ」すなわち事態の「横滑り」、言い換えれば、政体の中央集権化やエリート層によるその推進に対する余計な介在、逸脱、といった説明に解消してしまうのではなく、あくまで社会集団相互の動態的な関係を、反革命勢力との内戦や、周辺諸君主国との戦争という状況をも考慮して、理解しようとする姿勢である。この点では、セルナ報告の立場と近接していると言って良い。

もう一点、フランス革命の理解に関して何より大きく変化したのは、もう一つのフュレの著作『フランス革命を考える』(原著一九七八年、邦訳一九八九年)を一つの契機にして、はじめは主として英米系の歴史家たちから論じられるようになった「政治文化論」の吸収、という点である。

五

フュレが新たな著作で促したのは、革命のリーダーたちによる言説の政治的機能を分析すること、言語表象に示されるイデオロギー分析を展開することであった。今度は、革命の急進化を言語表象の分析から問い直していく、という方向性である。

これは、すでに言説の分析から歴史理解に迫る方法を取りはじめていた英米系の歴史家たちを、大きく刺激したと思われる。一九七〇年代から展開していたスコッチポルの先駆的な考察に続いて、キース・ベイカー、コリン・ルーカス、リン・ハントらによる「政治文化」論が、多様な形で展開されることになった。こうした議論の中で、例えば、革命以前の十八世紀半ばから革命期を通して、フランスにおける公論の形成、ハーバーマスのいわゆる「市民的公共圏」とも関連する独自の言説空間が形成されてきていたことが、指摘されるようになる。サロンやカフェや各種のクラブ、サークルにあたるもの、時には特定の広場空間さえも、そうした場の事例をなすであろう。それらを場として交わされ、発信されるようになる議論は、「公」の名において正当化されるようになる。幕末の日本における「公議公論」とも通底するところがあるわけだが、パブリック（フランス語でいうピュブリーク）という事物の位置づけが、十八世紀を通じて、とりわけその後半において、それまでの政治的正統性を主張する言説や制度とは異なる形で、社会的に意識されるようになってくる、ということである。従って、公的な利益に反するとみなされることは、批判や非難の対象とされるようになる。革命の生起も、こうした革命以前からの政治や社会をめぐる意識変化の状況と、切り離しては十分に理解できない。

そうしたなかで、すでに触れたように、知的才能によって政治的、ないし社会的に上昇することが可能な回路が十八世紀フランスでも機能しつつあったわけなのだが、しかし、それは世紀末に近づく頃になると閉塞してくる。イギリスの歴史家ルーカスが指摘したような、上昇回路が詰まることによって不満を抱える人たちのストレスゾーンが、とりわけエリート下層の法曹などについて指摘されるのであるが、上昇志向を持った社会的中間層に構成されてくる。これらの現象は、直ちに革命に直結する訳ではないが、その一つの潜在要因を構成するものとして理解されるようになる。この一種のメリトクラシー、つまり能力主義的な政治社会構成とその考え方は、欧米の近代社会の一つの特徴をなしていく要素でもある。ちなみに、中国伝統の科挙制度のデモクラシーを指摘したトクヴィルを論じる渡辺報告は、こうした点に関わってさらに考察を深めるために極めて刺激的であるという点を、付言すべきであろう。フランス革命と明治維新という二項の比較対照から、さらにもう一項目を追加した三項の比較対照は、より議論を深めることにつながりうる可能性を持っているようにみえる。

他方でフランス革命とそれに先立つ時代には、啓蒙思想の展開とも関連して合理主義的傾向を強めていたエリート層の文化形成と、従来の社会関係や世界観の持続のなかで継承されていた、農民にせよ労働大衆にせよ、民衆的な文化のあり方、これら両者の間に裂け目が明瞭になりつつあったということも、たしかであった。

以上のような政治文化・社会文化状況のなかで、フランス革命においては、国家社会を構成する普遍的な原理としての「人間と市民の権利の宣言」が明示されると同時に、社会の構成員を国民として国家に統合していくための多様なシンボルが創出され、従来の政治社会が拠って立っていた社団的な編成を解体するべく、動きが広がることになる。近代社会の普遍原理としての個人の自由、人としての尊厳が、際立って押し出されることになり、おそらくは多くの同時代人にも意識された。少なくとも、革命派においては。これは、一種の「文化革命」であった。

六

このあとがきで、以上に一端を示したようなフランス革命の「文化革命」としての性格について、研究史的に深く言及することはできないが、二百周年記念大会の時点で、すでに柴田・遅塚報告に指摘されていたことは、お読みいただく通りである。

この両名には、奇しくも、死後出版にあたる著作がある。革命の勃発直前の状況を分析し、「パトリオット派」の内実について検討した柴田三千雄『フランス革命はなぜおこったか』（山川出版社、二〇一二年）と、遅塚忠躬『フランス革命を生きたテロリスト　ルカルパンティエの生涯』（ＮＨＫブックス、二〇一一年）である。

柴田史学は、フランス革命を、再構造化しつつあった資本主義的世界体制の中に位置づけつつ、多様に出現した変革主体の形成とその動きをいかに理解することができるかを、絶えず問い続けた。そのような発想は、「近代の国民国家の出発点のあり方」という視点から、柴田の規定する「明治変革」（一般にいう明治維新）との比較対照を追究することを、常に念頭に置いたものでもあった。それはまた、「なぜ、日本人である自分がフランス革命を問い続けるのか」という自問が、常に念頭にあったからでもあろう。

一方、自らの歴史研究における問いのありかを率直に綴った最後の著作で、テロリズムの問題をとりあげた遅塚は、こう述べている。少し長いが、引用しておきたい。

私は、いまでも、経済的決定論が歴史解釈の一つの方法として十分に存在意義を有すると考えている。しかし、フランス革命の二百周年を迎えるころから、私の興味と関心は一人ひとりの人間の生と死の軌跡をたどることの方に移っていき、また、新しい学界の動向に促されて、政治文化の検討だの言説の分析だのを試みるようになった。それから現在に至る十数年にわたって、私の関心は、構造と人間のあいだを、あるいは、マクロストリアとミクロストリアのあいだを、揺れ動いた。そしていま、私は、マクロの構造分析を踏まえて九三年の革命的テロリズムの意味を問うことも、革命を生きた男たちについてミクロな記述をすることも、それぞれが固有の意味をもち、それぞれが歴史学の目的たりうると考えており、それゆえに、本書であえて二兎を追うことにしたのである。

あとがきを用意するなかで、フランス革命史の研究史的な道筋をたどり直しながら、柴田史学、遅塚史学の足取りを簡潔に振り返ってみて、日本における戦後史学以来の研究史的な展開が、じつに彼らの粘り強く真摯な研究の軌跡に映し出されている、ということに、改めて気づかされた。

そこから我々が摑むことができるのは、次のような諸点ではないだろうか。

歴史を生きた過去の人々の苦闘を、理論的裁断のなかに閉じ込めてしまうのではなく、ミクロなレベルでの認識とマクロなレベルでの考察とを、つねに連関のなかで問い続けることの重要性。そこで求められるのは、多様な歴史的要素を踏まえた問いの発し方と、それらの組み合わせの工夫、そして広い視野からの考察と、広い脈絡のなかへの位置づけ。また、内外の研究の進展を受けての熟考、修正、深化を進めるための多様な視点を組み合わせ、そして絶えず複数の歴史的問題をめぐる比較対照を試みること、さまざまな問題どうしの連関構造を問い続けること、また前後の時代との関係性、接続と断絶とを問い続けること、そのような長短の時間を踏まえた、広い視野をもった粘り強い研究と考察の重要性ではないだろうか。そしてその際、研究者自身が立脚している現実社会、この場合でいえば日本の社会と国家のあり方、その歴史的な生成過程に関する考察と、みずからの研究対象とを、往還しながら思考を練るという研究姿勢。いずれも、およそ簡単ではない知的営為ではあるが、それらが必要なのだということを、改めて考えさせられた。

あとがきは、このくらいでとどめておく。本書の読みの補助線を提供できたかは心もとないが、これ以上長くすることは避けたい。このあとがき自体が、本書からの刺激のもとに綴られた一例と言えるかもしれない。読者皆さんなりに、思考を巡らしていただけると幸いである。

フランス革命史研究のあり方をめぐっては、最後にお勧めしておきたい最新の参考文献として、『フランス革命史の現在』（山川出版社、二〇一三年）をあげておこう。これは本書同様に、やはり日仏会館で二〇一二年に開催された同名のシンポジウムの記録をもとにしたもので、そこには同書の編者の一人である松浦義弘による研究史的解説が収録されていて参考になる。また、同書のもう一人の編者、山﨑耕一による『フランス革命――「共和国」の誕生』（刀水書房、二〇一八年）は、長年専門家として研究に携わってきた著者による、最新の通史である。革命前夜から統領政府と革命の終焉までを描き、各時点に関する研究史的な論点にも言及した、広い読者に開かれた書物である。参考にされたい。

二〇一八年十一月十日

福井憲彦

ピエール＝フランソワ・スイリ（Pierre-François Souyri）
1952年生まれ。フランス国立東洋言語文化研究院教授、日仏会館フランス学長、ジュネーヴ大学文学部教授を歴任。アナール誌編集委員も務めた。著書に *Histoire du Japon médiéval* (Perrin), *Nouvelle histoire du Japon* (Perrin), *Moderne sans être occidental. Aux origines du Japon d'aujourd'hui* (Gallimard) 他。

柴田三千雄（しばた・みちお）
1926-2011年。東京大学文学部卒業後、東京大学文学部教授などを経て、東京大学名誉教授。著書に『バブーフの陰謀』（岩波書店）、『パリ・コミューン』（中公新書）、『フランス革命』（岩波現代文庫）、『フランス史10講』（岩波新書）、『フランス革命はなぜ起こったか』（福井憲彦・近藤和彦編、山川出版社）他。

遅塚忠躬（ちづか・ただみ）
1932-2010年。東京大学文学部卒業後、東京都立大学人文学部教授、東京大学文学部教授、お茶の水女子大学文教育学部教授などを経て、お茶の水女子大学名誉教授。著書に『ロベスピエールとドリヴィエ』（東京大学出版会）、『フランス革命』（岩波ジュニア新書）、『史学概論』（東京大学出版会）、『フランス革命を生きた「テロリスト」』（NHKブックス）他。

執筆者略歴

三浦信孝（みうら・のぶたか）＝編者
1945年生まれ。東京大学大学院人文科学研究科博士課程満期退学。中央大学文学部教授などを経て、現在、日仏会館副理事長、中央大学名誉教授。著書に『現代フランスを読む』（大修館書店）、編著に『近代日本と仏蘭西』（大修館書店）、『自由論の討議空間』（勁草書房）、『戦後思想の光と影』（風行社）他。

福井憲彦（ふくい・のりひこ）＝編者
1946年生まれ。東京大学大学院人文科学研究科博士課程中退。学習院大学文学部教授、学習院大学学長を経て、現在、日仏会館理事長、学習院大学名誉教授。著書に『〈新しい歴史学〉とは何か』（講談社学術文庫）、『時間と習俗の社会史』（ちくま学芸文庫）、『世紀末とベル・エポックの文化』（山川出版社）、『ヨーロッパ近代の社会史』（岩波書店）、『近代ヨーロッパの覇権』（講談社学術文庫）他。

ピエール・セルナ（Pierre Serna）
1963年生まれ。パリ第一大学卒業。1999年から同大准教授、2008年に同教授に就任するとともに、フランス革命史研究所所長。著書に *La République des girouettes. 1789-1815 et au-delà. Une anomalie politique : la France de l'extrême-centre*（Seyssel, Champ Vallon）他。邦訳として「二百周年以降のフランス革命研究の現状」（山﨑耕一訳、『専修人文論集』86号』）、「共和国は変則的政体か？」（三浦信孝訳、『日仏文化』79号）他。

三谷博（みたに・ひろし）
1950年生まれ。東京大学大学院人文科学研究科博士課程修了。文学博士。東京大学大学院総合文化研究科教授を経て、現在、跡見学園女子大学文学部教授、東京大学名誉教授。著書に『明治維新とナショナリズム』（山川出版社）、『ペリー来航』（吉川弘文館）、『明治維新を考える』（岩波現代文庫）、『愛国・革命・民主』（筑摩選書）、『維新史再考』（NHKブックス）他。

渡辺浩（わたなべ・ひろし）
1946年生まれ。東京大学法学部卒業。東京大学大学院法学政治学研究科教授、法政大学法学部教授を経て、現在、日本学士院会員、東京大学名誉教授。著書に『近世日本社会と宋学』、『東アジアの王権と思想』、『日本政治思想史——十七～十九世紀』（以上、東京大学出版会）他。

フランス革命と明治維新

二〇一八年一二月一〇日　印刷
二〇一九年　一月　五日　発行

編著者 © 三浦信孝
福井憲彦
発行者 及川直志
印刷所 株式会社三陽社
発行所 株式会社白水社

東京都千代田区神田小川町三の二四
電話 営業部 〇三(三二九一)七八一一
編集部 〇三(三二九一)七八二一
振替 〇〇一九〇-五-三三二二八
郵便番号 一〇一-〇〇五二
www.hakusuisha.co.jp

乱丁・落丁本は、送料小社負担にてお取り替えいたします。

誠製本株式会社

ISBN978-4-560-09666-6

Printed in Japan

▷本書のスキャン、デジタル化等の無断複製は著作権法上での例外を除き禁じられています。本書を代行業者等の第三者に依頼してスキャンやデジタル化することはたとえ個人や家庭内での利用であっても著作権法上認められていません。

白水社の本

■熊谷英人
フランス革命という鏡
十九世紀ドイツ歴史主義の時代

【第38回サントリー学芸賞受賞】

「歴史主義」的転換が徹底的に遂行されたドイツ。ナポレオン戦争からドイツ帝国建国に至る激動の時代を生きた歴史家に光を当てることで、その〈転換〉の全容を描く。

■ピーター・マクフィー　高橋暁生 訳
ロベスピエール

恐怖政治によって革命を破滅に追い込んだ独裁者でもなく、共和政の美徳を謳いあげた「清廉の士」でもなく。等身大のロベスピエールへ。

■アルベール・マチエ　杉本隆司 訳
革命宗教の起源

理性の祭典や最高存在の祭典をはじめ異様な「祭り」に興じたフランス大革命。これらの出来事は狂信的なテロルとともに、輝かしい革命の「正史」からの逸脱として片付けていいのか？

《白水iクラシックス》

■永見瑞木
コンドルセと〈光〉の世紀
科学から政治へ

「凡庸な進歩主義者」と誤認されるコンドルセを、科学・アメリカ革命・旧体制改革という観点から眺め、十八世紀思想史に位置づけた画期的論考。

■明治大学現代中国研究所、石井知章、鈴木賢 編
文化大革命
〈造反有理〉の現代的地平

文革とは何だったのか？　新資料により凄惨な実像を明らかにするとともに、日本の新左翼運動に与えた影響を再検討する。カラー図版多数。